Max Höfler

Volksmedizinische Botanik der Germanen

Max Höfler

Volksmedizinische Botanik der Germanen

Reihe
Ethnomedizin und Bewußtseinsforschung - *Historische Materialien 11*

VWB - Verlag für Wissenschaft und Bildung

Die Reihe Ethnomedizin und Bewußtseinsforschung - *Historische Materialien* wird herausgegeben von **Dr. Christian Rätsch**

Titelgrafik:
Zeitgenössischer Holzschnitt, der den Haus- oder Donnerwurz *(Sedum acre)* darstellt. Diese Pflanze ist antikem und germanischem Volksglauben gemäß ein mächtiger Schutz vor Blitz und Donner. In vergangenen Zeiten wurde diese Pflanze auch als Heilkraut und Aphrodisiakum geschätzt. Der Holzschnitt stammt aus dem *Neu Vollkommen Kräuter-Buch* des J.TH. Tabernaemontanus (deutsche Ausgabe von 1731).

ISBN 978-3-927404-41-8

Nachdruck 12/2024

Verlag und Vertrieb:
VWB – Verlag für Wissenschaft und Bildung
Rolf Aglaster
Postfach 10 01 80 • 52001 Aachen
Tel: +49-241-538 095 57 • Fax: +49-241-538 095 58
aachen@vwb-verlag.de • www.vwb-verlag.de

Inhalt

Der Holunder *(Sambucus nigra)* gehörte zu den bevorzugten Heilpflanzen der Germanen. Er galt aber nicht nur als gutes Hausmittel bei Erkältungen und Verstopfung, er war auch der Wohnsitz der beschützenden Hausgötter. Der Strauch war der Holda (Frau Holle) heilig. Deshalb war unter seinem Laub ein bevorzugter Ort der Liebesspielerei. Er wurde bei germanischen Begräbnisriten den Verstorbenen als Segen mitgegeben. Der Holunder wurde schon in der älteren Steinzeit als Medizin verwendet. Medizinisch wertvoll ist er wegen der schweißtreibenden Glykoside. (Holzschnitt von Fuchs, 1545)

Solidago Sarracenica.
Heydnisch Wundkraut.

Die heute allgemein Goldrute (*Solidago virgaurea* L.) genannte Pflanze aus der Familie der Korbblüter *(Compositae)* hieß im ausgehenden Mittelalter »Heidnisch Wundkraut«, denn sie galt als ein Heil- und Zaubermittel der germanischen Heiden. Seltsamerweise soll der Protestant Martin Luther das heidnisch Wundkraut sehr geschätzt und damit seine zahlreichen Leiden behandelt haben. Das Kraut wird noch heute in der Naturheilkunde bei Blasen- und Nierenentzündung, zur Anregung des Stoffwechsels und bei Leberleiden verwendet; auch als »Blutreinigungsmittel«. In dem Kraut *(Herba Virgaureae)* sind Ätherisches Öl, Gerbstoffe, Bitterstoffe, Polygalasäure, Saponine (Virgaureasaponine) und Flavonide (Quercetin, Rutin, Quercitrin usw.) enthalten. (Holzschnitt aus dem *New Kreuterbuch* von Leonard Fuchs, einem »Vater der Botanik«, von 1543)

Das Germanische Erbe
von Christian Rätsch

In den letzten Jahren erleben Naturheilkunde und traditionelle Kräutermedizin eine beachtliche Renaissance. Man erinnert sich an das Wissen der weisen Frauen, an die Klosterrmedizin, an die »Apotheke Gottes« und an Großmamas beste Hausmittel. Viele denken wieder an die Rezepte der Wunderheiler, an Paracelsus, an Vater Kneipp und die heilige Hildegard von Bingen. In einer Zeit, in der sich viele Menschen auf ihre Ahnen besinnen und ihre kulturellen Wurzeln suchen, wird es umso wichtiger, bis in die vorchristliche Zeit der Germanen zurückzublicken. Ohne das volksmedizinische Wissen der germanischen Völker hätte es keine Schriften von Paracelsus, Hildegard von Bingen, Walahfried Strabo usw. gegeben. Die weisen Frauen, die langsam wieder zu dem ihnen gemäßen Ansehen gelangen, haben nur das bewahrt, was ihre Mütter wußten, was ihre Großmütter und Urgroßmütter aus vorchristlicher Zeit bewahrt und weitergetragen haben.

In den letzten Jahren haben sich viele Menschen mit Kulturen und Schicksalen der verschiedenen Indianervölker beschäftigt. Und sie haben gesehen, daß diese Völker Kulturen besaßen, die Geborgenheit und Spiritualität geboten hatten. Viele haben auch die Vernichtung der Indianer durch das Christentum bedauert. Manche sahen in der Indianerunterdrückung sogar Parallelen zur europäischen Hexenverfolgung. Daß es unseren Vorfahren, die oft in Stammeskulturen lebten, genauso ging wie vielen Indianervölkern, haben erst die wenigsten begriffen. Die Zwangsmissionierung Germaniens war nicht nur ein Kulturschock, der eine offene Wunde klaffen ließ, sondern die bewußte Ausrottung heidnischer Magie und Spiritualität. Wenn man die Missionsberichte aus dem Alten Amerika mit denen des frühmittelalterlichen Germaniens vergleicht, wird man kaum Unterschiede in Wort und Sinn feststellen. Vielleicht rührt uns das traurige Schicksal der Indianer so an, weil es uns unbewußt an unsere eigene Vergangenheit und die christliche Unterjochung erinnert. So wie die Götter der Indianer als Teufel verdammt wurden, wurde Wotan zum Satan selbst. Die lieblichste aller Göttinnen, Freya, die Liebesgöttin, wurde zur furchtbarsten Hexe degradiert. Konsequenterweise wurden die heiligen Pflanzen der germanischen Götter - etwa Bilsenkraut, Hanf oder Fliegenpilz - zu den berüchtigten Hexenkräutern, von denen die meisten Menschen heute noch glauben, daß es sich um gefährliche Giftpflanzen handelt.

Obwohl die Christen versuchten, alles heidnische auszurotten, obwohl sie versuchten, alle Alrunen, die alten germanischen Seherinnen, zu morden, obwohl sie versuchten, alle heiligen Haine abzuholzen - eine eroberte Kultur läßt sich zwar unterdrücken, aber niemals vollständig auslöschen. Das Wissen der Ahnen liegt nur im Unbewußten verborgen; es wartet nur darauf, wiedererweckt zu werden. Es ist immerhin verwunderlich, daß wir uns nach nunmehr 1000 Jahren christlicher Unterdrückung noch an Götter, Ahnen und Pflanzen erinnern. Sollte dies bedeuten, daß die Götter doch unsterblich sind?

Wie so oft, rettet sich altes Wissen über das Medium der Pflanze. Viele Kräutergelehrte des christlichen Mittelalters haben unbewußt aus dem alten germanischen Wissen geschöpft, haben es mit ihren Kräuterbüchern unsterblich gemacht. Der Volkskundler Max Höfler hat um die Jahrhundertwende, einer Zeit der Besinnung auf die alten Götter und Mythen, den Versuch gemacht, das eigentlich germanische aus dem bestehenden Kräuterwissen herauszustellen. Sein Buch (erstmals 1908 in Wien erschienen), das hier endlich als Reprint vorliegt, ist bei weitem die wichtigste Arbeit auf dem Gebiet der germanischen Ethnobotanik und Ethnopharmakologie. Vielleicht regt dieses Werk dazu an, die eigenen kulturellen Wurzeln besser zu verstehen und weiter kennenzulernen. Wir alle tragen in uns das germanische Erbe, mögen wir nun heidnisch oder christlich eingestellt oder geprägt sein. Denn, was einmal war, wird immer sein.

Weiterführende Literatur

Brøndegaard, V.J.
1985 *Ethnobotanik* Berlin: Mensch und Leben

Fink, Hans
1983 *Verzaubertes Land: Volkskult und Ahnenbrauch in Südtirol* Innsbruck, Wien: Tyrolia

Golowin, Sergius
1973 *Die Magie der verbotenen Märchen: Von Hexendrogen und Feenkräutern* Hamburg: Merlin

Graichen, Gisela
1988 *Das Kultplatzbuch* Hamburg: Hoffmann und Campe

Greve, Paul
1938 *Der Sumpfporst* Hamburg: Hanseatischer Gildenverlag

Haerkötter, Gerd & Thomas Lasinski
1989 *Das Geheimnis der Pimpernuß: Liebeskräuter aus Gottes Garten* Frankfurt/M.: Eichborn

Handwörterbuch des Deutschen Aberglaubens
1927ff. Berlin, Leipzig: de Gruyter

Hiller, Helmut
1989 *Lexikon des Aberglaubens* Bergisch-Gladbach: Lübbe

Huber, E.
1929 *Das Trankopfer im Kulte der Völker* Hannover-Kirchrode: Oppermann

Kessler, Thomas
1985 *Cannabis Helvetia* Zürich: Nachtschatten Verlag

Knuf, Joachim
1985 »Traditioneller Blitzschutz als Kommunikationsproblem« *Volkskunst* 8(4): 18-22

Kreuter, Marie-Luise
1982 *Wunderkräfte der Natur* München: Heyne

Kühnemann, Antje-Katrin
1988 *Geheimnisse der Klostermedizin* Augsburg: Weltbild

Lichtenberger, Sigrid
1986 »Züge des Schamanentums in der germanischen Überlieferung« in *Schamanentum und Zaubermärchen:* 28-41, Kassel: Röth

Ludwig, Otto
1982 *Im Thüringer Kräutergarten* Gütersloh: Prisma

Marzell, Heinrich
1922 *Die heimische Pflanzenwelt im Volksbrauch und Volksglauben* Leipzig
1964 *Zauberpflanzen - Hexentränke* Stuttgart: Kosmos

Müller, Irmgard
1982 *Die pflanzlichen Heilmittel bei Hildegard von Bingen* Salzburg: Müller

Rätsch, Christian
1988 *Lexikon der Zauberpflanzen aus ethnologischer Sicht* Graz: Akademische Druck- und Verlagsanstalt (ADEVA)
1990 *Pflanzen der Liebe* Bern: Hallwag

Schöpf, Hans
1986 *Zauberkräuter* Graz: Akademische Druck- und Verlagsanstalt (ADEVA)

Schrödter, Willy
1968 *Pflanzengeheimnis* Kleinjörl: Schroeder

Stoffler, Hans-Dieter
1978 *Der Hortulus des Walahfrid Strabo* Sigmaringen: Thorbecke

Tobler, Friedrich
1938 *Deutsche Faserpflanzen und Pflanzenfasern* München, Berlin: Lehmanns

Urgroßmutters Hausmittel
1982 Frankfurt/M.: Insel

Vries, Herman de
1989 *natural relations - eine skizze* Nürnberg: Verlag für moderne Kunst

Weisser Magsaamen.
II. Papaver flore niveo.

Der Mohn *(Papaver somniferum)* war den Germanen als Schlaf- und Fruchtbarkeitsmittel bekannt. In Deutschland wird seit über 4000 Jahren Mohn angebaut und aus seinem Saft Opium gewonnen. (Holzschnitt aus Tabernaemontanus, 1731)

Hyoſcyamus flauus.
Bilſomen.

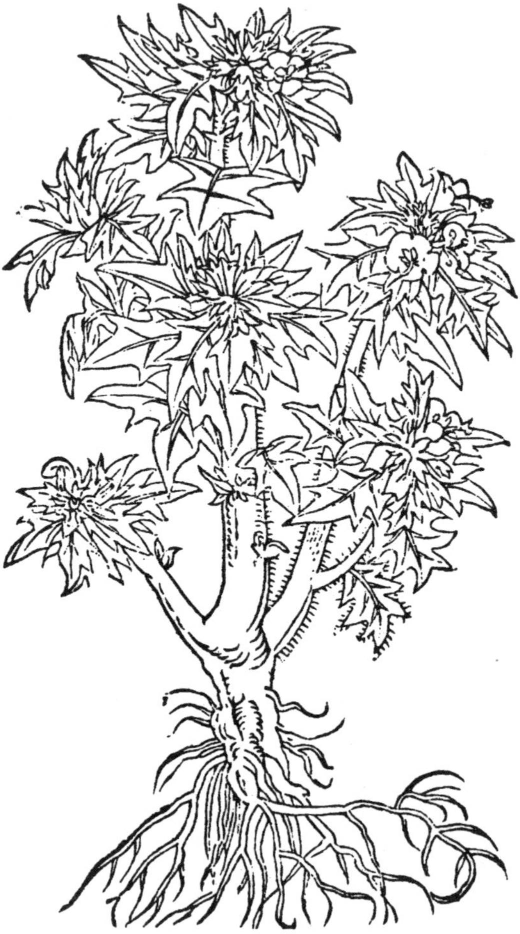

Das Bilsenkraut *(Hyoacyamus)* gehörte bei den Germanen zu den heiligsten Gewächsen. Es wurde nicht nur als Heilmittel verwendet. Es spielte im Totenkult eine wesentliche Rolle, wurde zum Wetterzauber benutzt und als Rausch- und Ekstasemittel verehrt. Es war auch das Bilsenkraut, das dem Bier als Starkmacher zugesetzt wurde und einer Biersorte den bis heute unsterblichen Namen »Pilsener« verliehen hat (*pilsen* ist die alte Schreibweise!). (Holzschnitt von Fuchs, 1545)

Originaltitel der Ausgabe Wien 1908

QUELLEN UND FORSCHUNGEN ZUR DEUTSCHEN VOLKSKUNDE

HERAUSGEGEBEN VON E·K· BLÜMML

BAND V

VOLKSMEDIZINISCHE BOTANIK DER GERMANEN·

VON MAX HÖFLER

VERLAG DR. RUD· LUDWIG
WIEN

Der Reiz volkskundlicher Forschungen liegt in der Erkenntnis des Werdeganges menschlicher Kultur, in der Freude des Menschen an der ihn umgebenden schönen Natur, die doch für den Menschen auch so unbarmherzig grausam ist, weiterhin in der Ergründung des Verhältnisses der Volksseele zur Natur.

Die Pflanzen, die lieblichen Kinder der Mutter Erde, die je nach dem Sonnenstande jugendlich weiß, dann blutrot, herbstlich blau und dunkel oder wintergrau sich färben, sind für den primitiven Menschen ebenso beseelt und mit Gemütsstimmungen ausgestattet, wie die ihn umgebende Tierwelt, ja wie der Mensch selbst, eine Anschauung, die auch die großen griechischen Philosophen Empedocles und Anaxagoras hatten (Rohde, Psyche 3, 177, 195).

Die volksmedizinische Botanik, soweit sie die vom Volke benützten Heilkräuter betrifft, hat für den Laien, wenn er einigermaßen Sinn für die Pflanzenwelt hat, besonders dann ein Interesse, wenn er Freude hat an dem Rückblicke auf den kulturgeschichtlichen Hintergrund, auf dem ungezählte Generationen in ihrer Denk- und Vorstellungsweise sich die Wirkung solcher Heilkräuter zurechtlegten, und wenn er dabei den Entwicklungsgang aus den Urzeiten wenigstens zu ahnen vermag.

Wir dürfen dabei nicht etwa beabsichtigen, die endlose Reihe von Verordnungen, wie sie die antiken und mittelalterlichen Kräuterbücher in langweiliger Einförmigkeit geben, hier aufzuführen, sondern wir müssen die einzelnen Pflanzen-Individuen nach ihrem Alter der Wertschätzung und nach der Art ihrer Verwendung beurteilen; die Wertschätzung einer Pflanze aber beginnt für den primitiven Menschen erst mit der Erkenntnis des Nutzens oder Schadens, den dieselbe ihm, dem Menschen oder dem symbiotischen Haustiere gegenüber äußert. Hinter jedem Pflanzennamen, welcher deren Verwendungsart andeutet, steckt ein Stück Geschichte, welche mit den ersten Verwendungsversuchen und Vergleichen beginnt. Manche dieser Namen werfen ein helles Licht in jene dunklen Perioden schriftloser Urmedizin; ohne diese Namen würden wir über die Verwendung solcher Pflanzen aus dieser Zeit keine Nachrichten haben.

Zu diesem Zwecke bedürfen wir der Etymologie, d. h. der Deutung der Pflanzennamen, und diese wieder bedarf der Folklore, d. h. der Lehre des volkskundlichen Brauches, der sich an die betreffende Pflanze knüpft, wobei wir der ethnologischen Parallelen bei primitiven und gebildeten Völkern nicht entbehren können. Erst aus der Zusammenstellung dieser Grundlagen ergibt sich dann der mit aller Vorsicht zu ziehende Schluß auf ältere Kulturperioden.

Bei der Etymologie der Pflanzennamen müssen wir uns, wie bei der Etymologie der Ortsnamen an die ältesten urkundlichen Formen halten; wir müssen uns auch beschränken, nur einheimisches, d. h. germanisches Sprachgut zu deuten und dürfen nicht etwa Lehenware aus der Antike in den Vordergrund stellen. Nur das Einheimische, Bodenständige werden wir richtig volkskundlich verwerten können; schwieriger ist es, die in frühen Zeiten schon entlehnte Pflanzenware als volksmedizinisches Objekt zu verwerten. Mit der fremden Pflanze wanderte nicht nur deren Name, sondern auch deren Verwendungsart ins Land.

Wenn wir die germanischen Heilkräuter in das Gebiet unserer Forschung ziehen wollen, so müssen wir von vornherein alle jene Heilkräuter ausschließen, welche durch die sogenannte Mönchsmedizin nach Deutschland gelangt sind, weil diese ihre Verwendung ganz fremden Volksgebräuchen verdanken, die wir nicht ohne weiteres auf das germanische Volk übertragen dürfen; viele solcher Pflanzen der Mönchsmedizin sind uns aber wertvolle Parallelen.

Die germanische Kulturperiode, welche ganz andere Bedürfnisse hatte als die antike Welt der Römer, Griechen und

Ägypter, wird uns nun auch durch Forschungen, die sich auf volksmedizinische Heilkräuter der Germanen beziehen, dem Verständnisse näher gerückt.

Aus dem Bedürfnisse entsprang die Benennung der Pflanzen; erst als die Verwendungsart der Pflanzen und Kräuter durch die Tradition eine gleichsam heroische Verherrlichung erfahren hatte, nahm sich der Volksmythos der Pflanzennamen an. Pflanzenmythos und Seelen-, Ahnen-, Heroenmythos hat jedes Volk.

Man muß sich hüten, jeden Pflanzenmythos auf den Einfluß der antiken Kräuterbücher allein zurückzuführen; anderseits darf man den letzteren durchaus nicht zu gering einschätzen. Es gibt auch Volksvorstellungen über Pflanzen und Kräuter, die ganz verschiedenen Völkern ohne Entlehnung gemeinsam sein können.

Die Verfasser der ältesten gedruckten Kräuterbücher des 16. Jahrhunderts sahen in der Pflanze fast immer nur ein von ihnen gesuchtes Heilmittel, dessen Kenntnis den schriftkundigen Leuten bis dahin fast ganz mangelte, weil ihnen eben die Pflanzenkunde seit der Antike nahezu ganz abhanden gekommen war; erst bei den sogenannten Kräuterern und Waldhanseln mußten sie die Pflanzennamen wieder kennen lernen, um sie mit den Namen in den antiken Kräuterbüchern vergleichen zu können. Unabhängig von solchen Kräuterbüchern hatten die Leute aus dem Volke ihren Vorrat an Heilkräutern gesammelt und wie eine Nahrung „eingetragen", da und dort unterstützt durch das Vorbild benachbarter Klostermönche, die eine gewisse Anzahl von antiken Heilkräutern in ihren Klostergärten kultivierten und in die Bauerngärten übertrugen. Das Volk machte sich die Namen solcher, aus der Antike stammender Pflanzen möglichst mundgerecht.

Der Schatz an solchen importierten, heute volksmedizinisch verwendeten Pflanzen ist kein geringer; immerhin aber floß neben diesem Strome auch ein einheimischer, der nahezu unberührt aus Urzeiten entsprang. Eine Masse von Sippe zu Sippe vererbter Kräuterverwendungen, die ihre Erhaltung größtenteils dem Kulte verdanken, blieb uns so lebendig im Brauche.

Wir haben soeben betont, daß die Bezeichnung einer Pflanze

1*

fast ausschließlich ihrer Verwendung und Wertschätzung entsprang. Eine Ausnahme hiervon macht der indogermanische

Farn

oder das Farnkraut, das nur durch sein Aussehen zur Namengebung Veranlassung gab: ahd. varn, ags. féarn, idgm. porno-, πτέρις = Flügel, Feder, also: Farn = federähnliches Blatt (Kluge [6] 105).

Bei der ausgedehnten volksmedizinischen Verwendung, die dieses Kraut erfuhr, möchte man, namentlich deswegen, weil seine Wurzel auch in Bier gekocht wurde (Schröder 920), an eine schon germanische Verwendung desselben als Heilkraut denken. Da aber die nordische Volksmedizin, dieses später hauptsächlich gegen Würmer benutzte Kraut als „Wurmfarn“ nicht kennt, so möchte es viel wahrscheinlicher sein, daß die mittelalterliche Verwendung dieses Krautes in der deutschen Volksmedizin ihre Quelle in der Antike haben dürfte, welche es als Wurmmittel schon kannte, es aber auch als „Milzfarn“ (Asplenium oder Asplenos) gegen Milzleiden (= Eingeweidekrankheit) verwendete; man sollte es nur in mondfinsteren Nächten ausreißen, ein Glaube, der das Kraut auch als Abortivum kennzeichnet (s. Organotherapie, S. 28 ff.).

Beim Polypodium vulgare, dem sog. „Engelsüß“, „Steinsüß“, „Süßfarn“ auch „Eichfarn“ genannt (ahd. eihvarm III 586), ist anzunehmen, daß seine Wurzel vor allem wegen ihres süßen Geschmackes gesucht wurde. Das Rhizom der Pflanze, welches wegen der Empfehlung durch Dioskurides IV, 185 ehemals offizinell war, suchen heute die nach Süßigkeiten stets lüsternen Kinder, die es kauen (Z. d. V. f. V. K. 1901, S. 33). Diese süße Farnart war es vermutlich auch, die überhaupt zuerst gesucht wurde, namentlich in der Nähe der Eichenbäume, und die von anderen eßbaren Pflanzen z. B. dem Lauch durch das federähnliche Blatt und den Wurzelgeschmack unterschieden wurde. Bei der Suche nach dieser Farnwurzel mußten wohl auch andere Farnarten kennen gelernt worden sein, welche schon durch ihren Geruch sich von den übrigen Farnarten unterschieden. Solche starkriechende Pflanzenwurzeln galten hauptsächlich als Würmer vertreibende apotropäische Mittel, so daß im Laufe der Zeit verschiedene Farnarten zu „Wurmfarn“ wurden. Letzterer vertreibt nach dem Volksglauben aber nicht nur die Würmer in den Gedärmen, sondern auch alles wurmartige Getier auf der Haut, sogar Kröten aus dem Stalle. So erklärt es sich, daß der Farn auch bezeichnet wird als „Mauken-Kraut" oder „Roß-Farn" (s. K. N. B. 405), „Schnackenkraut", „Wanzenkraut", Wurmkraut" (schwed. ormbunke, Wurmbung-Knollen, s. K. N. B. 822), „Wrangenwortel" gegen das Rankkorn (K. N. B. 753). Die Verwendung des Süßfarn erklärt auch, daß, da er eine nährende Wirkung hatte, der „Kraftfarn" zum Tropfenkraut wurde (s. K. N. B. 353), d. h. zum Stärkungsmittel bei der durch den sog. Tropfen verursachten Lähmung, ahd. polipodivm trophwurz que in quercu nascitur (= Eichenfarn) sive in lapide (Steinmayer, ahd. Gl. III, 581). Die meisten übrigen Verwendungen des Farnkrautes dürften übrigens aus der Antike entsprungen sein*). Der zauberhafte Farnsamen ist wohl als Farrensamen oder Stiersamen zu deuten; selbst Paracelsus soll ihn gesucht haben.

Das Verhältnis des Menschen zur Pflanzenwelt war in früheren Zeiten ein weit innigeres als heute, dies um so mehr, als der Mensch und seine Haustiere vom Gedeihen der Pflanzenwelt weit mehr abhängig waren. Ehe der Mensch den Ackerbau betrieb, mußten ihm schon Blühen, Fruchtbildung, das Erscheinen, Welken und Verschwinden der Blätter aufgefallen sein. Der Mensch, der zu seiner Selbsterhaltung alles Genießbare nach tierischem Vorbilde zum Munde führte, mußte die kräftigenden, bzw. schädlichen Wirkungen dieses Genusses oft erprobt haben; auch die von den Jahreszeiten abhängige Fruchtbildung wurde für ihn, der diese Früchte genoß, von besonderer Bedeutung; der Fruchtmangel war für ihn ein Nahrungsmangel, ein Sippen-Unglück; das Gedeihen der eßbaren Früchte war für ihn ein Zeichen der Huld der verstorbenen Ahnengeister, die Mißernte ein Zeichen des Grolles der ihm unhold gesinnten Seelengeister. Aus dem Schoße der Mutter Erde keimen im Lenz die im Winter unter der Erde ruhenden Pflanzen wieder empor als Verkörperungen früher verstorbener Menschen, der unterirdischen Geister; denn

---

*) Über mittelalterlichen und jüngeren Volksaberglauben in bezug auf Farnkraut s. Wuttke § 127. Über Rain-Farn s. unten Artemisia.

die Pflanzen waren dem Menschen Seelengestalten mit all den „holden und unholden Kräften, die in Blüt' und Stengel schlafen".

Für den Germanen war der Wolf der Inbegriff alles Unholden, Schädlichen und Fürchterlichen.

Der Name Wohlverleih (= Arnica montana), entstellt aus Wolfesleich: (mhd. wolveslîh; 12. Jahrhundert wolvisgelegena (Phys. Hildeg); 16. Jahrhundert wolfslegia; 1685 Lagea lupi) deutet es noch an, daß das Volk in der giftigen Pflanze die andere Gestalt (das Gleichnis) eines Wolfsdämons annahm; auch andere Wolfskräuter, Wolfsbeeren, Wolfskirschen, Wolfsmilch, Wolfswurz, Wolfsdistel, Wolfsseife usw. sind Giftpflanzen. Fischer-Benzon 214 deutet übrigens die wolfesgelegena (Steinmayer, ahd. Gl. III, 402) als Aconitum Lycoctonum (Wolfstod).

Wie nahe liegt es anderseits, daß solche Pflanzen, deren Nährwert der primitive Mensch als hilfreiche Heilkraft ansah, wie die Heroen und Ahnengeister auch eine Vergöttlichung erfuhren, zu Gottwesen wurden, deren Kult solchen Pflanzen ihre vielseitige Wertschätzung erhielt. Nur zu bestimmten Zeiten und unter Beobachtung gewisser Vorschriften, welche den Zorn und Groll der Unterirdischen zu erwecken vermeiden sollten, war es dem Wurzelgräber oder Krautschneider möglich, sich der Zauberkraft eines solchen beseelten Pflanzenwesens zu bemächtigen, Vorschriften, die auf Leben und Tod lauteten nach dem aus Furcht und Angst vor den Totengeistern aufgebauten Volksglauben. Der Totengeist wurde beschworen beim Ausgraben der Pflanzen, wie beim Vertreiben der Krankheitswesen und wie beim Liebeszauber. Die Kräfte der Seelengeister, welche nach neuem Leben lechzen, konnten gewonnen werden durch ihre Versöhnung mittels Opfergaben, aber auch durch die Gewalt noch mächtigerer Geister, die herbeizulocken eine besondere mutvolle Aufgabe war; meist war dieser Vorgang des Wurzelgrabens ein gewaltsamer, unter Benutzung nicht eiserner d. h. nicht jüngerer Geräte in gewissen Nächten, in welchen die Seelen zu schwärmen pflegen und unter Darbringung eines Totenopfers, z. B. Blut, Milch, Brei, Brot, schwarze Henne usw.

Die heutige Volkskunde sammelt solche Vorschriften der Wurzelgräber mit berechtigtem Eifer und verwertet sie zu wissenschaftlichen Rückschlüssen auf längst vergangene Zeiten.

Wichtig ist auch die Art der volksüblichen Verwendung der

betreffenden als heilsam erkannten Kräuter und Wurzeln, weil wir aus ihr auf die primitiven Methoden der Zubereitung solcher genießbarer Vegetabilien in früheren Generationen schließen können.

Das intime Verhältnis des Menschen zum Pflanzenreiche war früher nur vom Egoismus beeinflußt. Die Pflanze war für den primitiven Menschen weit leichter erreichbar als das Tier, welches viel mehr Verteidigungs- und Schutzvorrichtungen hat, als die an den Boden gebundene Pflanze, die dem Tiere gegenüber schutzlos ist.

Der primitive Mensch ernährte sich zumeist oder fast ausschließlich von Vegetabilien. Die Hirse als älteste Halmfrucht ist auch am frühesten in den Kult eingezogen worden; sie war die häufigste Seelenspeise bei dem Indogermanen; der Genuß derselben in gewissen Kultzeiten, die der Ackerbau schuf, war ein Allheilmittel; denn die Nahrung, welche den Menschen stärkte, mußte ihn auch heilen können. Diese Vorstellung war stets eine allgemein menschliche. Die Nahrungsmittel wurden Stärkungs- und Fruchtbarkeits- und dadurch auch Heilmittel.

Der Mensch, der alles versuchte, was seinen Hunger stillen konnte, suchte aus Egoismus zuerst nur nach Nahrungsmitteln. Dieser Trieb verschaffte ihm dann die stärkenden, nährenden, fruchtbarmachenden und gesunderhaltenden Heilkräuter; wenigstens glaubte er es, weil er sah, daß der gut genährte Mensch gesund war, d. h. fruchtbar und leistungsfähig.

„Die Vorstellung, daß die Pflanze gesund sei, wird sie dem täglichen Genusse besonders in Volkskreisen zugeführt haben“ meinte Heyne (D. H. A., S. 68); es ist aber gerade das Gegenteil richtiger. Erst die Versuche, die Früchte, Kräuter; Wurzeln, den Rindensaft usw. zur Ernährung, zur Hungerstillung zu verwenden, mußten die Menschen auch die schädlichen Wirkungen derselben kennen lehren, die dann einzelne Kräuterkundigere an der betreffenden Lokalität als geheimes Wissen für sich behielten. Allmählich schränkte sich der Begriff des Heilsamen in der botanischen Sphäre mehr auf den des würzigen*) Krautes, namentlich der scharfriechenden Wurzeln ein; auch das Kraut oder die

*) Unter „Wurz“ verstand man im Mittelalter auch die ganze Pflanze. Das „Würzige“ wurde allerdings oft zur Hauptsache.

Kräuter zu unterscheiden, sie je nach ihrem Standorte in ihrer Wirksamkeit zu prüfen, das war ein sicher auf ungezählte Generationen sich erstreckender Vorgang. Die breiten Schichten des Volkes sahen ebenfalls früher mit dem Wechsel der Jahreszeiten die Kräuter blühen und welken. Nach des Winters langer Hungerszeit begrüßten sie die ersten Frühlingspflanzen, das erste frische Grün, als Verkörperung holder Seelengeister, die beim Einzuge des Lenzes aus dem Schoße der Mutter Erde emporsprießen.

Namentlich sind es die in der unmittelbaren Nähe des menschlichen Wohnhauses oder an dem das Heim schützenden Zaungehege wachsenden, ersten grünen Frühlingskräuter, welche für den primitiven Menschen, der der Pflanzenwelt weit intimer gegenüberstand, als der moderne Mensch, zauberhafte Kräfte der Seelengeister, die an das Haus gebunden waren, haben. Der fruchtbare Hausbaum wurde zum Lebens- und Schutzbaum der Familie, das Haus- und Zaunkraut zur Verkörperung des zauberhaft wirkenden Hausgeistes. Die vegetabilischen Kräfte dieser Heimkräuter und Hausbäume waren die ältesten Heilmittel, weil sie auch die ältesten Gerichte in der Küche der Urzeit und die ältesten Nährpflanzen waren, die das Sippen-Leben beschützten.

Die Samenkörner der Hirse und des Wegerichs, die Hollerbeeren, die stärkemehlreichen Früchte der Eiche, die fettreichen Nüsse und Ecker der Zirbelkiefer und der Buche spielen die gleiche Rolle sowohl als Urspeise, Not- oder Hungerbrot, wie als Volksheilmittel; der Ampfer, der Holler, die Nessel, der Lauch, das Himmelsbrot, der gute Heinrich sind uralte Speisen und Heilmittel. Das Moosbrot, hergestellt aus isländischer Moosflechte, entstand aus einer Abkochung dieser offizinellen Flechtenart in Milch. In Island heißt dieses Gericht „Gräsergrütze" (Grasagrautur), es ist hergestellt aus dem Berggras (fjalna-grös), wie dort das isländische Moos heißt (Z. d. V. f. V. K., S. 249). Eine mit solchen Nährpflanzen oder Gräsern in Milch gekochte vegetabilische Speise hieß in Island Gräsermilch (grasa-mjölk). Diese Art von Verwendung der Kräuter, d. h. ihre Abkochung in Milch ist eine echt germanische Methode.

In Notlagen kehrt der Mensch zu den einfacheren und primitiveren, durch den Zwang der Verhältnisse eingegebenen

Mitteln zurück. Was wir heute Not- oder Hungerbrot nennen, war ehemals ein alltägliches Gericht. Das Eichelbrot, das Büchelbrot, das Kleebrot sind solche Hunger- oder Notbrote. Massenhaft kommen in den Pfahlbauten bei Robbenhausen in der Schweiz die Samenkörner vom guten Heinrich (Chenopodium) vor, der heutzutage nur noch in Rußland als Notbrot verwendet wird. Brotkräuter sind ferner: Luzula campestris und pilosa, in Schlesien „Hungerbrot" genannt, Briza media, ebenfalls „Hungerbrot", „Hasenbrot", „Vogelbrot", „Honigbrot" genannt; ferner in Niedersachsen (1786) der Ranunculus sceleratus, die Quecke, sowie die sehr mehlreiche Frucht der distelharten Wassernuß (Tribulus s. Trapa natans L.), von der Plinius (h. n. XXII 27) bezeugt: „Thrazes, qui ad Strymona habitant, foliis tribuli equos saginant, ipsi nucleo vivunt, panem facientes praedulcem et qui contrahat ventrem." Auch Dioskurides berichtet: „die am (türkischen) Flusse Strymo (Struma) wohnenden Thrakier gebrauchen das frische Kraut der Wassernuß als Pferdefutter, die Frucht, welche süß und nahrhaft ist, vermahlen sie zur Nahrung und verwenden sie anstatt des Brotes." Wie Plinius, so schreibt auch Dioskurides (l. c.), daß die Wassernuß auch volksmedizinisch verwendet wurde, nämlich gegen Mundfäule, Gifte und Steinleiden. Man sieht, wie sich an die Verwendung einer Pflanze als Nahrungsmittel auch sofort irgend eine volksmedizinische Erfahrung anschließt. Der Trieb nach Nahrung ließ auch mit der Zeit die Heilmittel kennen lernen; hatte die Pflanze heilsame Kräfte, dann war sie die Verkörperung eines holden Geistes und wurde leicht in den Kultritus einbezogen.

In Island aß man als Hungerbrot auch Silene acaulis = holta-rót (Hügelwurz?) (Z. d. V. f. V. K. 1898, S. 449); vermutlich ist aber Selena root, altdänisch halzyrt, holzyrt Inula Helenium (Alant) gemeint, deren Wurzel eine Nahrung und eine altberühmte Arznei war (Frieboes 581, Hoops 651).

Ferner aß man in Island den althochdeutschen Grensing (Potentilla anserina L.), isländisch = harđa sœgjur (Z. d. V. f. V. K. 1898, S. 649); er heißt im Deutschen auch Gänserich oder Gänsekraut und wird im Schwäbischen als „Krampfkraut" verwendet. Charakteristisch ist, daß der altrömische Volksmediziner M. P. Cato gerade den allgemein genossenen und alltäglichen **Kohl** als eine Universalmedizin betrachtete; der alte Nimbus der Nahrhaftigkeit wurde für diese Pflanze auch mit der Zeit zum Glorienschein seiner Heilkraft. Die hohe Wertschätzung gerade der Nährpflanzen als Heilmittel erfuhr noch dazu eine besondere Bestärkung dadurch, daß sie z. T. auch zum Gottheitsopfer sich ausgestalteten, dessen Genuß gottgleich machte und übernatürliche Kräfte verlieh, und daß sie in Sage und Mythos als Nähr- und Heilpflanzen fortlebten. Nach einer griechischen Sage entstand der Kohl aus den Tränen des Lykurgus, eines thrakischen Fürsten, welchen der thrakische Volks-Gott Dionysos an einen Weinstock gebunden hatte, um ihn für die Vernichtung der Weinberge zu strafen. Mit Tränen kehrte er zum ursprünglicheren, einfacheren Gericht des Kohls zurück, weil ihm der Wein keine Nahrung gab. Der Kohl wurde als solches alltägliches, einfaches Nahrungsmittel bei den Griechen und Ägyptern zum erklärlichen symbolischen Gegenmittel gegen die Trunksucht. Die mittelalterlichen Kräuterbücher, z. B. Dodonäus (De Cock 174) nahmen diese Volkssage für bare Münze und empfahlen sogar den rohen Kohl, um die Trunkenheit zu vertreiben.

Die älteste Halmfrucht auf indogermanischem Boden, die **Hirse**, welche früher in Sieben (vgl. d. Erbsieb mit seinem Zauber) „eingetragen“ wurde, ist eine schon in der Stein- und Bronzezeit nachweisbare Kulturpflanze, auch im germanischen Norden. Der schweizerische Pfahlbauer machte daraus Brot und auf dem ganzen germanischen Gebiete ist der Hirsebrei eine Seelenspeise bis auf den heutigen Tag, welche durch den kommunialen Mitgenuß, d. h. durch die Versöhnung der Seelengeister und Krankheitsdämonen zum Krankheitsmittel wurde. Wie die Brotschaufel, auf der das Brot in den Backofen geschoben wird, ein Zaubermittel wurde, so auch das Erbsieb, mit welchem die Hirse von Generation zu Generation gesichtet wurde (Liebrecht z. V. K. 344). Heute ist der Hirsebrei, der nur zu bestimmten Kultzeiten genossen wird, ein Universalmittel, das allen fieberhaften Seuchen zuvorkommen soll. Näheres über diesen, die Fruchtbarkeit und Gesundheit der ganzen Sippe erhaltenden Hirsebrei siehe des Verfassers Abhandlungen über Seelengebäcke, 3. Heft, XIII. Jhr. d. Z. f. Ö. V. K.

1907, S. 8; Neujahrsgebäcke in Z. f. Ö. V. K. 1903; Ostergebäcke in Z. f. Ö. V. K. 1906, S. 25, Suppl. H. 4; Weihnachtsgebäcke im Suppl. H. 3 z. Bd. XI 1905 d. Z. f. Ö. V. K., S. 16; Fastnachts- und Fasten-Gebäcke im Suppl. H. z. Bd. 14 d. Z. f. Ö. V. K. 1908, sowie Gebildbrote bei Sterbefällen, Archiv. Anthrop., Neue Folge, Bd. VII, 1907, S. 101. Hippokrates verwendete das Hirsewasser und den Hirsebrei bei auszehrenden Krankheiten, Lungensucht, Brustfellentzündungen usw. (Fuchs II, 353, 367, 368, 485 usw.).

Die Hirse, die dem semitisch-ägyptischen Kulturkreise bis in die späteste Zeit überhaupt fremd geblieben war, war bei den alten Griechen ein fruchtbarmachendes Opfer für die Liebes-Göttin Aphrodite, welche deshalb den Beinamen κεγχρίς (= Hirse) erhielt; auch die Römer opferten zum Zwecke der Fruchtbarkeit der Felder der altitalischen Feldgottheit, Pales, an den Palilien Hirsekuchen.

Die animalische und vegetabilische Fruchtbarkeit stand von jeher in Sympathie; die Gottheitsspeise, welche man opferte, vermittelte den Segen bei beiden. Zur Gottheitsspeise aber war die Hirse durch ihr Alter geworden. Das, was die früheren Menschen aßen, erhielt durch das Alter des Kultes den Nimbus einer gottheitswürdigen Speise, deren Kommunion in bestimmten Zeiten zum Heilmittel für die ganze Sippe wurde. Der heilige Hieronymus (im 5. Jahrhundert n. Chr.) bezeichnete die Hirse als ein altbäuerliches Festessen der Italiener: „Milium rusticorum et agrestium et altilium cibus est."

Wie die Hirse, die auch als Vogelfutter verwendet wurde, so ist auch der **Wegerich** (Plantago) geradezu als Vogelhirse oder Vogelbrei bezeichnet und wird wie die Eichenfrucht, Buchenfrucht und die echte Hirse auch „eingetragen"*), sicherlich deswegen, weil er in alten Zeiten wegen seines fettreichen Samens als Nahrung diente. Noch heute wird in manchen Gegenden die Wegerichsblüte von den Kindern auf dem Butterbrote gegessen (Z. d. V. f. V. K. 1901, S. 226).

**) Vor 30 Jahren etwa war es, als dem Verfasser die Schwaigerin

*) Dazu: „Getreide" ahd. gitregidi.

**) Aus des Verfassers Artikel in der Münchener Wochenschrift „Die Propyläen" vom 13. V. 08, Nr. 33 folgt hier ein Auszug über den Wegerich.

am Buchberg nach einer geburtshilflichen Dienstleistung sagte: „Mir hätte auch ohne Doktor nichts geschehen können; ich hätte bloß einen Wegerich mitsamt seiner Wurzel in die linke Hand zu nehmen und festzuhalten brauchen.“ Dieses sprach sie mit so überzeugungsvoller Zuversicht aus, daß man es sicher mit sog. Aberglauben zu tun hatte.

Vollständig unbewußt dessen, um was es sich bei solchen Mitteln der Wochenbettstube handelt, ahnte diese Frau durchaus nicht, daß sie mit der Verwendung eines solchen Mittels, wie z. B. des Wegerichs, einem uralten Glauben gefolgt war, der das direkte Eingreifen holdgesinnter Geister oder Dämonen im Auge hatte. Dieser Dämonenglaube, den das Christentum bei seinem Einzuge in die germanischen Lande noch ganz lebendig vorgefunden hatte, blaßte natürlich unter dem Einflusse des Christentums immer mehr ab, dauerte aber, wenn auch nur im Verborgenen, bis auf unsere Tage an. Daß auch die sogenannten gelehrten Kreise des 11. Jahrhunderts sich solcher durch den Glauben an Geisterkräfte erklärbaren Mittel bedienten, lehrt uns gerade wieder unser Wegerich, der damals unter Benützung der lateinischen Sprache bei der sogenannten Besprechung der blutflüssigen Frau dieser in die Hand gegeben wurde mit den Worten: (Ad profluvium mulieris autem sic:) „Herbula proserpinacia! Horci regis filia!! Quo modo clausisti mule partum, sic claudas et undam sanguinis hujus“ *), d. h.: (Wegerich!) Kräutlein der Proserpina! Tochter des (Unterwelts-) Königs Orkus! Wie du das Maultier unfruchtbar gemacht hast, so verschließe auch die Blutwelle aus dem Leibe dieses Weibes!

Der betreffende schriftgelehrte Volksheilkünstler des 11. Jahrhunderts sah also gerade wie die Schwaigerin am Buchberg in dem Wegerich — nach Diefenbachs Glossarium, I. 467 und Steinmeyer ahd. Gl. III 729 ist Herbula proserpinacia unser Wegerich — ein Mittel, um den lebenbedrohenden Blutfluß der Frau zu stillen; nur ist bei dieser älteren (lateinischen) Verwendungsart

*) Wiener Akad. Sitzungsberichte, 91. Bd., S. 528: Vermutlich stammt der Blutsegen von einem „phaffe, der wol Zouber las“ (Parzival IV, 218). Das lateranische Konzil (1215) verbot den Geistlichen nicht die Behandlung von Kranken, sondern bloß die Ausübung der Chirurgie.

das Kräutlein direkt als die botanische Verkörperung eines Unterweltsgeistes angesprochen, denn die Proserpina oder Persephone war die römische bezw. griechische Unterweltsgöttin, die der betreffende Gelehrte des 11. Jahrhunderts zur Tochter des Gottes Orkus (Unterweltsgott) stempelte. Diese Totengeister wurden herbeigerufen und in Gestalt des Wegerichs der blutflüssigen Frau in die Hand gegeben. Die dabei verwendeten Besprechungsworte stammen aber aus einer älteren, lateinisch-jüdischen Formel, was schon aus der Anführung des im jüdischen Zauber-Ritual sehr geläufigen Maultieres hervorgeht, das ein in Deutschland nicht einheimisches Tier ist. Wer die Ratlosigkeit des Volkes bei Blutungen kennt, kann es begreifen, daß auch ein sonst denkender und gebildeter Mann, wie der betreffende Gelehrte zu einem solchen traditionell übernommenen, die heidnischen Unterweltsgeister der Römer berufenden Blutsegen gegriffen hatte. Der Blutsegen selbst aber ist ein deutlicher Beweis für die Andauer der antiken Vorstellungen auf volksmedizinischem Gebiete.

Die Vorstellung, daß in dem Wegerich ein Totengeist verkörpert sei, war nicht bloß bei den Lateinern und Griechen lebendig, sondern auch bei den Germanen. Schon der Name „Wegerich", der allen Westgermanen eigen ist (ahd. wegarih), weist auf den Beherrscher (german. rîk = regius, König) des Hellweges hin (Wegerich ist eine Wortbildung wie Alberich, Friederich, Heinerich usw.). Hellweg ist noch heute der Weg zum Totenacker oder Freithof. In romanischen Gegenden entspricht diesem Hellweg-Beherrscher der männliche Orco. „Wer den Orken gesehen hat, ist dem Tode verfallen." Auf den Tiroler Alpen lebt derselbe als Waldgeist im Volksglauben noch heute fort, und der Ausdruck Ex-orc-ismus geht auf Orkus den Höllengeist zurück. Nichts ist so hartnäckig im Volksglauben als die Pflege der Seelen der Abgestorbenen oder der Totengeister, die überall als ein Urquell des Krankheitsdämonismus angesehen werden. Aus der Schar dieser Totengeister ragen im deutschen Volksglauben zwei Gestalten, eine männliche, der Wode, eine weibliche, die Hell, hervor. Diese sind die Beherrscher des Toten- oder Hellweges. Auf dem grasigen Wege bestattete man ehemals die Toten; die verstorbenen Ahnen leben dann als Freithofsblumen, die den Totenhügeln entsprießen und aus der Nacht der unterirdischen Welt zur Oberfläche gelangen, fort. Die Furcht, die Ruhe der Unterirdischen zu stören, verbot es, solche Freithofsblumen mitsamt der Wurzel auszugraben. Eine Reihe von Vorsichtsmaßregeln sind vorgeschrieben, um ohne Schaden solche Seelengeister, die in den Blumen und Kräutern verkörpert sind, in seine Gewalt zu bekommen; im dunklen Morgengrauen vor Sonnenaufgang, also in der nächtlichen Zeit des Schwärmens der Dunkelgeister, soll der Wegerich ausgegraben werden; die Wurzel desselben muß mit dem Ringfinger beschworen werden, d. h. seine Zauberkraft darf dem Wurzelgräber nicht zum Schaden gereichen. Der Ringfinger ist der mittlere oder Arztfinger, der Finger, mit dem der Volksarzt seine beschwörenden Zauberkreise zeichnend um die Krankheitsherde zog; die Bezeichnung der leidenden Stelle mit dem Mittelfinger war das „Lach"; derjenige, der diese Bezeichnung — signum — ausführte, hieß der „Lachner" (ahd. lachanari, mhd. lâchenaere); der Mittelfinger hieß ehemals ebenfalls „Lachener", im Angelsächsischen: Lacefinger. Nach dieser altgermanischen Bezeichnung des Arztes (Lakner, Lachner) heißt auch der Wegerich als Heilkraut Laeknisgras, d. h. Arztgras im Mittelalter der Nordgermanen, die also den Wegerich ebenfalls als Heilmittel schon verwendet haben müssen. In Mecklenburg heißt der Wegerich Lägenblatt in Ubereinstimmung mit dem nordischen Lachenergras. In der norwegischen Volksmedizin des 13. Jahrhunderts ist das letztere ein Wundenverband.

Mit der Tatsache, daß das Volk in dem Wegerich die Verkörperung eines Totengeistes, der zauberhafte Heilkräfte besitzt, annahm, erklären sich nun auch die vom Volke diesem Arztgrase zugeschriebenen wunderbaren Kräfte, deren Verwertung in der Kraft desjenigen lag, der den Totengeist richtig ausgegraben und in seine Gewalt bekommen hatte, namentlich aber seine Verwendung als Blutstillungsmittel. Wer den Beherrscher des Hellweges, d. h. den Wegerich, in seiner Gewalt hatte wie einen Alberich (Beherrscher der Elben), der verfügte auch über die übernatürlichen Kräfte dieses Geistes; er konnte selbst lebensgefährliche Krankheiten besiegen und überstehen. Alle Arten von Blutungen, denen die früheren Generationen fast ratlos gegenüberstanden, suchte man zu beherrschen dadurch, daß man die holden Geister herbeirief und beschwor. Die Beschwörungsworte, die man an den Totenbeherrscher richtete, sind die Zauberformeln, die die Volkskunde heute aus dem Volksmunde sammelt. Gleichzeitig mit der Beschwörung gab man dem Kranken das Heilkraut, auch mehrere, in die Hand, damit er es verwende. Mit der Zeit fielen die Beschwörungsformeln weg und der Glaube blieb allein am Heilkraut haften. Vorwiegend sind es die sog. Blutkräuter, welche gegen Blutungen helfen sollten; darum heißt auch der Wegerich schon 1260 „Blutwurz“, und um 1680 schrieb ein Wackersberger Viertels-Hauptmann (Bürgermeister) in sein Hausmittelbuch: „Wegrich ist gut vör Bluet-Härnen“, um es bei seinem Stallvieh gegen die sog. Blutseiche zu verwenden. Man legte ihn auch zur Blutstillung auf Blutegelstiche.

Wer den Wegerich in seiner Gewalt hatte, d. h. den in dieser Pflanze verkörperten, Glück und Gesundheit bringenden elbischen Totengeist, konnte Krankheiten heilen und hatte Glück bei allem, was er unternahm; der Wegerich heißt darum auch „Glücksmännchen“. Solche Glücksmännchen stellte man sich als langbehaarte kleine Butzen vor; an der Pflanze waren die langen Wurzelhaare das Haarkleid dieses elbischen Geistes. Wer einen solchen Nothelfer zur Hand hatte, dem vergingen alle Gefahren, nachdem man seine Hilfe beschworen hatte. Der Wegerich heißt darum auch in Sachsen „Vergeh-Blatt“; die Blutbeschwörungsformeln beginnen meist mit der Anrede: „Blut vergeh!“ Mit einem solchen Glücksmännchen konnte man auch die Zukunft erraten, die der Mensch aller Orten und aller Zeiten so gern erfahren will und wozu er die Hilfe der Totengeister benützt, die als übernatürliche Wesen solche Wahrsagekräfte besitzen sollen. Aus der Zahl der beim Zerreißen der vielrippigen Wegerichblätter (Polyneuron) heraushängenden (Gefäßbündel-) Haare will das Mädchen in Deutschböhmen und Nordösterreich erfahren, wieviele Mädchen vor ihm sein jetziger Schatz schon geküßt hatte, ob ihm sein jetziger Schatz treu bleiben oder ob er es auch ebenso anlügen werde; der Wegerich als Orakelblume heißt darum auch in Tirol „Lugenblattl“ (v. Dalla Torre). Der die menschlichen Kreuzwege liebende Wegerich wird in einem alten Brünner Schöffenbuche als zauberartiges Mittel für die Advokatenpraxis gerühmt, das in jedem Streite gewinnen läßt. Das Bild des Wegerich würde sich demnach zum Advokaten-Wappen eignen, aber auch das Bild des Geiers; denn ein Geierherz oder ein Geierauge, die Seelensitze dieses Leichenvogels mit mantischen Kräften sichern den Sieg in allen Streitsachen als Amulet. Gewöhnlicher Menschenverstand reicht ja manchmal bei solchen Kreuz- und Irrwegen der menschlichen Streitsucht nicht aus; darum greift der Bedrängte zu übernatürlichen Hilfskräften. Die erste und oberste Bedingung für die Wirksamkeit derselben aber ist der Glaube an die Kraft des Zaubers; aller Zauber beruhte nach alter Auffassung auf der Hilfe der Dämonen, die zum Heile, aber auch zum Unheile gereichen konnte, weshalb sie stets nur mit Scheu und Furcht verwendet wurden; es lag immer etwas Unheimliches über dem Zauber, da er nur mit der Hilfe der Totengeister, die in Pflanze oder im Tiere verkörpert galten, möglich war.

Überall, wohin der Europäer mit seinen Qualen und Leiden kommt, wo derselbe mit seiner Fußsohle (planta) auftritt, da erscheint auch der Planta-go oder Wegetritt; eine einzige Wegerichpflanze hat gegen 14000 Samenkörner, die als „Vogelbrein“ (Vogelhirse) allgemein bekannt sind; mit dem wandernden Menschen verbreiteten sich diese Samenkörner. Wo der Schafhirte die steinigen Pfade mit seiner Herde begeht, da fehlt auch der Wegerich nicht; im Altgriechischen heißt der Wegerich probateion = das bei den Schafställen wachsende Kraut. Die Indianer in Amerika nennen ihn „die Fußstapfen des weißen Mannes“. So weit der Europäer im Westen seinen Fuß gesetzt hat, so weit ist auch dieses für ihn charakteristische Kraut vorgedrungen; beide sind so untrennbar, daß das Umsichgreifen des Wegerichs dem Indianer als sinnbildlich für die Verdrängung seiner Rasse durch die europäische erscheint (Söhns). Der Wegerich wäre also auch ein symbolisches Zeichen für Touristen- und Verkehrs-Vereine. Er breitet sich auf des Menschen Pfaden aus („Wege-Breit“); der Menschen Füße zertreten und verdrängen das übrige Weidegras, so wird der Wegerich zum „Heudieb“ (Schweiz); das schmächtige Gras der Halden schätzt der Älpler höher als die vielrippigen breiten Blätter des Wegerichs, den der Schweizer auch „Ripplichrut“ nennt (ahd. cattes-ribbe = Katzenrippe). Da, wo schlechte, von nur wenigen Menschen betretene Gegenden sich finden, da fehlt auch der Wegerich; als Parzival (um 1210) auf dem Wege in das Königreich Brôberz auf unfährigem, unwegsamem Boden, wo nur wenig Wegerich wuchs, ritt, schreibt sein Dichter:

„viel ungevertes — dô reit,
dâ wênic wegerîches stuont.“

Des Europäers Wege führten mit der Zeit in alle Weltteile: heute ist der Wegerich auf der ganzen Erde verbreitet; nur gewisse Arten desselben lieben ganz bestimmte Standorte. Die Unterscheidung der Pflanzen nach Arten war ehemals Sache der Weidehirten und der heilkundigen Frauen und Volksärzte; das Bedürfnis, die Nutzkräuter vom Unkraute zu trennen, lehrte die Unterscheidung der Pflanzen. Der Bauer kennt nur die für ihn nützlichen Kräuter; der heidnische Priester kannte nur die zum Opfer und zur Dämonenbeherrschung gebräuchlichen heiligen Feldkräuter und heimischen Heilkräuter; uralte volksmedizinische Erfahrungen und Beobachtungen knüpften sich an solche im Opferkult verwendete Pflanzen. Die Unterscheidung der Pflanzen nach der Größe ist die allereinfachste und wohl auch älteste; daher erscheint auch der Plantago minor schon in der althochdeutschen Sprachperiode als minre wegreich, eine durch die schriftgelehrten Mönche vermittelte Übersetzung der lateinischen Bezeichnung. Die allernächsten, um die menschliche Wohnstätte herum wachsenden Kräuter sind die am frühesten benannten, aber auch die am frühesten vom Menschen als Nahrung, Gemüse oder Heilpflanze benützten; namentlich die nach des Winters drangvollen Hungertagen zuerst erscheinenden Futterkräuter, die ersten Frühlingspflanzen sind es, die mit Schmeichelnamen „Guter Heinrich, Benedeitkraut, Heil aller Welt, Heil allen Schaden, Allgut“ usw. bei ihrem Erscheinen begrüßt wurden.

Die holdgesinnten Geister, die der Mensch in solchen Frühlingspflanzen verkörpert annahm, vermittelten ihm Gesundheit; aus dem Boden sprießen sie empor als jugendliche, frische Frühlingsboten; ihre Wurzeln verbinden sie mit der alleserzeugenden Mutter Erde, aus deren Segensschoß auch dem Siechen, Auszehrenden und Geschwächten neue Kräfte erblühen sollten; darum sind auch 99 Würzelchen, d. h. alle belebten Wurzeln des Wegerichs, mit denen dieser im Boden der Mutter Erde steckt, nach weitverbreitetem deutschen Volksglauben (Flügel 58 u. a.) ein Genußmittel gegen die Fieberdämonen, gegen Dämonen in Wurmgestalt, gegen die bösen Schelme, die in Drüsen stecken; sie vertreiben auch alles Gift und helfen gegen Insekten- und Schlangenbisse sowie gegen den Biß toller Hunde. Vor allem aber ist der Wegerich, abgesehen von seiner schon besprochenen Verwendung gegen Blutflüsse auch ein Volksmittel gegen Abzehrung, das in der heutigen Volksmedizin als „Spitzwegerichsaft" unter den alltäglichen Hausmitteln figuriert; seine Blätter sind aber schon in der Urzeit der Menschen als eines der ersten Frühlingskräuter aus der nächsten Umgebung der menschlichen Siedelung ein kräftigendes Gericht als Gemüse gewesen. Bei den Böhmen verbesserte der Wegerichsaft mit Hafermehl gekocht den üblen Geruch aus dem Munde, bzw. den Magenkatarrh.

Ein syrischer Christ fügte dem Kap. 152 des II. Buches von Dioskurides (77 n. Chr.), welches über den Wegerich handelt, folgendes persönliche Einschiebsel an: „Die Syrer sagen, daß das Gericht des Wegerichs (und der Minze) mit Honig die Entkräfteten heile, wenn es am zweiten, vierten und Karfreitag (paraskeue) gegeben werde; dieses fasse man als (syrisches) Geheimmittel auf; denn es entspricht vollständig der Wahrheit und beruht auf Erfahrung." Daß nun gerade in der Frühlingszeit (Ostern, Gründonnerstag) die grünen Kräuter als besonders heilsam galten, ist bekannt (siehe meine Abhandlung über Ostergebäcke in der Z. f. Ö. V.-K., XII, 1906); es liegt ganz nahe, anzunehmen, daß bei diesem syrisch-christlichen Wegerich-Glauben Vorstellungen aus der Urmedizin mit dem Glauben an die Segenskraft durch die österliche Kultzeit (jüdisch-christliches Neujahr) verknüpft wurden. Die Urmedizin konnte aber nicht bloß das frische Blättergemüse, sondern auch den schon erwähnten Samenreichtum des Wegerichs benützen, der von den Stengeln abgelesen wurde (= legumina der Römer). Der Original-Dioskurides,

„der Fürst der Krautlehrer“ (1685) führt auch die Verwendung des Wegerichs als Amulett an: „Einige gebrauchen die Wurzeln als Halsband gegen Drüsen; sie vertreiben sie“ (wie schelmische Würmer).

Man versuchte zu heilen mit Gegengeistern in Gestalt von Pflanzen und Tieren. Auch der Wegerich war eine solche Gestalt eines mantische Kräfte besitzenden Totengeistes. Die 99 Wurzeln des Wegerich als Amulett zu besitzen, mußte dann übernatürliche Gegenkräfte gegen schelmische Kleinwesen — animalcula quaedem minuta — in den Halsdrüsen besitzen, wie der Sauerampfersamen gegen die Spermatorhoe.

Schon in der assyrischen Medizin wurde der als Speise verwendbare Wegerich gegen Magenschmerzen benutzt und im 9. Jahrhundert gab er ein Pulvis contra omnes febres et venera et serpentium morsus (Fonahn); im 13. Jahrhundert ist dieses Kraut beim medizinischen Magister Bartholomäus (v. Oefele 89, 97—99) bereits ein Heilmittel gegen Wunden, Fisteln, Rotlauf usw., eine Erfahrung, die sich aus der Beobachtung der stillenden Mutter ableiten dürfte, die auf offene Brustwarzen (Schrunden) solche Wegerichblätter als kühlenden Umschlag auflegte und diesen auch bei eitriger Mastitis mit Phlegmone und Eitermilch (= gund) fortsetzte. (Die Erfahrungen der stillenden Mutter schufen u. A. das Wort „Geschwär“ als Eiterherd in der „schwerer“ sich fühlbar machenden weiblichen Hängebrust.)

In dem III. Buche, 25. Kap. seiner Arzneiwissenschaft schrieb Celsus: „Einreibungen des Körpers mit zerriebenem Wegerich scheint ein sehr gutes Schutzmittel gegen den sog. Elefanten-Aussatz des Menschen zu sein“. Diese Wegericheinreibung ist wohl eine Art von Katharsis oder Reinigung von Schuld und Sünde des Kranken, jedenfalls aber eine solche von seinem Hautschmutz gewesen, wobei die sündhafte Hautbefleckung durch das Abreiben auf die Pflanzenblätter übertragen und mit diesen dann fortgeworfen wurde, wie ein Sündenbock, der ins Wasser geworfen wird. Überhaupt muß der Wegerichsaft auch als Hautgeschwürs- und Wundenmittel, als eine Art Verbandstoff oder Wundenbalsam gebraucht worden sein, wie solche besonders in alten Volkssagen öfters erwähnt werden. In einem altdeutschen Heldenliede „Der

2*

Ecken Ausfahrt“, das um 1230 niedergeschrieben wurde (Eckenliet 174—176), wird erzählt, wie das von dem Riesen Vasolt gejagte wilde vrouwelîn eine Wurzel gräbt, diese in der Hand zerreibt und damit den wunden Dietrich von Bern und dessen Roß bestreicht, davon das Weh bei beiden verschwand und alle Müdigkeit wich. Heilkunde und Pflanzenkunde schrieben unsere Vorfahren den Göttern (vgl. den Merseburger Zaubersegen), aber auch den elbischen Tieren (Wiesel, Schlange usw.) zu; pflanzliche Heilmittel verwendete als Wundverband nach der alt-nordischen Völsunga-Sage auch das Wiesel: „Eines Tages sieht Sigmund zwei Wiesel (Hermeline); das eine beißt das andere in die Kehle; es läuft zum Walde, holt daselbst ein Blatt und legt es auf die Wunde; das Wiesel läuft geheilt fort“. Nach dem Gossensaßer Volksglauben bedienen sich die Hermel oder Wiesel noch des „Hermelkrautes“ (= Wegerich) zur Heilung (Z. d. V. f. V.-K. 1900, 59), ein höchst altertümlicher Zug des Volksglaubens. Sicher geht aus der Völsunga-Sage, die die nordische Prosaform der südgermanischen Nibelungensage ist, hervor, daß die Nord- und Südgermanen frische Blätter als Heilmittel auf Hautwunden legten und diese Therapie auch den elbischen Geister-Tieren zueigneten. Eine solche Behandlungsart finden wir auch beim Wegerich angeführt in einem Frankfurter Kräuterbuche aus dem 13. Jahrhundert (Diefenbach, Glossarium I, 643), welches schreibt: „Plantago heist wegerich nicht vmb sust vnd pringt zů samen, das zeprochen ist in dem leip vnd verseret. Ein meister heist Avicenna, der ging eins tags einen weg, do begegenten jm kaufflewt mit wol geladen wegen (ein Hysteron-Proteron), do sach er an dem wege ligen eine grosse slangen, die von den wegen vnd von den pferden vast vnd swerlich was gedruckt; die richtet sich auff vnd ging oder kroch von dem wege vnd sach ein wegerich do sten; czu dem kam sie vnd peis ein teil darvon vnd kaw es vnd leget es hin vnd her in die wunten; des wundert Avicennam sere vnd sprach: du heist billich wegerich; wann du wert zerdrucket vnd nahent tod vnd bist wider lebending worden deiner grossen Krancheit“. Also auch hier haben wir die Verwendung des Wegerichs gegen Hautverwundung wie beim Waldfräulein, das den Dietrich von Bern und dessen Roß von der

Satteldruckwunde heilt und wie beim Tiroler Hermelkraute, das der Braunschweiger wân-trâns-wortel (= Wagenspurwurzel) heißt (Andree, Braunschweig. Volkskunde 423). Dieser Frankfurter Wegerichspruch aber erinnert in seinem sprachlichen Aufbau an die altgermanischen Wundsegen, in denen die heilkundigen Götter und Göttinnen wie heilende Schauspieler handelnd und sprechend eingeführt werden. Die späteren Heilkünstler und die Kräuterkundigen liebten es, in solchen Wundsegen nach alten Mustern ihre Schützlinge, die Pflanzen, unter der Autorität eines Heiligen oder des Namens einer berühmten ärztlichen Persönlichkeit, hier des Avicenna (Scheik el Refir = Fürst der arabischen Ärzte, gestorben 1037) aufzuführen und so den suggestiven Effekt ihres Heilmittels zu erhöhen und die Verbindung des Heilmittels mit dem Heilgotte zu vermitteln.

Mit den im Römer- und Griechentum üblichen Heilpflanzen wanderte auch deren Verwendungsart; wenn auch den heidnischen Heilgottheiten Heilige oder Ärzte untergeschoben wurden, so blieb doch lange Zeit, ja bis auf unsere Tage, altheidnisches, antidämonisches, volksmedizinisches Heilverfahren im übrigen bestehen, wobei manche rein empirische Beobachtung den langen Fortbestand der alten Mittel aus der Urmedizin ermöglicht haben mag. Wo wir heute eine reine kalte Kompresse auflegen, z. B. auf Druckstellen, da verwendete die Volksmedizin ein fleischiges Wurzelblatt des nächst erreichbaren Krautes; die Butterblätschenhülle (sog. Dockenblätschen), die die Butter frisch erhalten soll, benützt der Senner als kühlenden Umschlag auf entzündete Hautstellen; 1681 schreibt der Dorfbader von Hohenaschau in sein Hausmittelbuch: „Gestoßener Wegerich Saft auf die Füße getan, dann wird dir besser werden, wenn du gegangen bist, daß dir die Füße weh tuen", also ganz so wie beim Fohlen des Gottes Balder oder beim Roß des Ritters Parzival. Als Hühneraugenumschlag oder als Hautwundenmittel sehen wir den ausgepreßten Wegerichsaft noch heute im Gebrauch an verschiedenen Orten in Deutschland. In süßer Milch gesotten — eine echt germanische Verwendung — werden die Wegerichblätter in Tirol gegen die Ruhr gebraucht (v. Dalla Torre), als Abkochung in Flandern gegen Auszehrung und Lungensucht. Es würde zu weit führen und viel zu eintönig werden, wollte man alle die übrigen Verwendungen des Wegerich, die die antiken und mittelalterlichen Kräuterbücher über diesen anführen, hier wiedergeben; er sollte eben für alles helfen können, tatsächlich aber half er nicht mehr als tausend ähnliche Pflanzen.

Wollen wir zum Schluß auf die Wertschätzung zurückkommen, welche der Wegerich bei den alten Römern, Griechen und Ägyptern erfuhr. Die Griechen nannten ihn Arnoglosson (Schafszunge), Arneion (Schafskraut), Probateion (Stallkraut), Kynoglosson (Hundszunge), Heptapleuron (siebenrippig), Polyneuron (vielnervig), die Magier oder Propheten des Orients Schwanz des Ichneumons (angeblich wegen der Ähnlichkeit des in eine Quaste endigenden Schweifes mit dem samentragenden Stengel), die Ägypter Asonth (Schafkraut), die Gallier Parbelodathion (= ?), die Spanier Thesarika (Vorrat?), die Afrikaner Atieirkon (Nervenkraut?), die Araber Schafszunge, die Assyrier Hundszunge. Solche Namen, welche Teile von heiligen Tieren oder von Opfertieren bezeichnen, müssen nicht immer auch eine Ähnlichkeit mit diesem Teile haben; sie können auch sogenannte hermeneutische Bezeichnungen sein für solche als Heilmittel verwendete Tierteile. Die ägyptisch-griechischen Priester, die zugleich Ärzte waren, gebrauchten mit Vorliebe solche Geheimnamen, einesteils um sich mittels der Geheimsprache gegenseitig zu unterstützen, andernteils um den Ärmeren unter solchen Namen auch den schwerer erreichbaren tierischen Organteil zu ersetzen und so den Ärmeren die Kommunio mit der Gottheit durch billigere botanische bzw. vegetabilische Mittel zu gewähren. Die ägyptischen geheimen Medizinalräte, die, wie gesagt, Priester und Ärzte zugleich waren, das eine Amt zum Nebenamt machend je nach Neigung oder Gelegenheit, wie es die Sachlage eben erheischte, gaben ihren Opferkräutern unter solchen Namen von tierischen Organen (z. B. Schafszunge) den geheimnisvollen Nimbus eines heiligen Gottieres, durch dessen Genuß die Kranken dann die Heilung erhofften. Daß solche Handlungen mit der Zeit zu einer Art von Botanica sacra führen mußten, liegt auf der Hand; aber auch der Kranke fand sich oft mit diesem quid pro quo leichten Sinnes ab, wenn es ihm gerade paßte, namentlich wenn das im Tempelschlafe oder im Traume von der Heilgottheit vorgeschriebene Heilverfahren schwer ausführbar oder doppelsinnig gegeben war. So wurde nach dem Berichte des im 2. Jahrhundert n. Chr. lebenden Traumdeuters Artemidoros (Oneirokritika IV, 22) einer Frau, welche eine entzündete Brust hatte, im Traume geraten, sie solle sich von einem Schafe mit der Zunge die Milch aussaugen lassen. An Stelle dieser das Sauggeschäft gewiß sehr schmerzhaft besorgenden tierischen Schafszunge legte die Frau nun die kühlenden Blätter des Wegerichs auf, der dort und damals „Schafszunge" (Arnoglosson) hieß und wurde geheilt. Mit solchen Spitzfindigkeiten halfen sich die Patienten, noch mehr aber die schlauen ägyptisch-griechischen Priester-Ärzte oft genug aus der Klemme.

Als eine Verkörperung eines Seelengeistes gilt auch der an den Feldwegen wild wachsende **Wegewart** oder **Wegetret** (Cichorium Intybus L., auch Solsequia, Proserpina genannt), dessen Wurzel Zucker, Inulin und Stärkemehl enthält und dessen Blätter heute noch als Gemüse und Salat dienen. Er sprießt auf den Feldwegen, gleichsam aus den Fußtritten der Menschen hervor, wie die heiligen Blumen aus den Fußspuren der Heiligen. Seine süße Wurzel, die heute noch als Kaffeesurrogat verwendet wird, wurde von den hungernden Menschen längst verflossener Zeiten gesucht und zu Nahrung verwendet; so wurde er zum Kräftigungsmittel und zur Stärkung der kreisenden Frauen; seine blaue Blüte ist das Blümchen „Nimmerweh", das nach der bayrischen Volkssage (Panzer, II 205, 437) die wilden Fräulein im Walde, der kreisenden Frau in der schweren Stunde der Gebärnot zur trostreichen Stärkung in die Hand geben. Der Nimbus der Nahrhaftigkeit wurde zum Glorienschein der Heilkraft. Die Zichorie oder der Wegewart ist heutzutage hauptsächlich noch ein volksmedizinisches Magenstärkungsmittel; es war aber auch als Sonnenkraut oder Sonnenwirbel wie der schon erwähnte Wegerich ein Wund-, Heil- und Stillungsmittel, das (nach Schröder 874) auf Mariä Geburt „eingetragen" werden sollte.

Das Rezeptenbuch eines Jsarwinkler Viertel-Hauptmanns aus dem 17. Jahrhundert schreibt: „wem dy wunten zepalt zuhailen wil, der nem wegwart und ermul (= zerreibe) sy unt leg sy über dy wunten.“ Als solche Wundheilpflanze wurde sie auch Warzen-, Kanker- und Krebskraut genannt. Dieser an Wildpfaden wachsende Hintlauf (= Kraut, welches da wächst, wo die Jagdhunde dem Wilde nachlaufen)*) wurde vielfach mit dem Wegerich oder Wegebreit verwechselt. Eine Beschwörungsformel aus dem 15. Jahrhundert beim Ausgraben derselben teilt Schönbach 147 mit. Als Solsequium heißt sie auch ahd. bumbelwurze (Steinm. III, 587) (K. N. B. 480) (= pro vulva). Als „Wegetret“ (ahd. wegetreta, wegetrat, wegedrada, anatret, Steinmayer, ahd. Gl.) wurden auch glossiert die lat. Lemmata: Proserpinacia (= Wegerich s. o.), Centinodia (Polygonum aviculare L., „Hansel am Weg“, „Herzgespann“), Sanguinaria (Capsella bursa pastoris, „Blutwurz“, „Blutkraut“, auch Plantago major s. Wegerich). Gegen das Herzgespann**) (s. K. N. B. 658) und das Fließen des Herzblutes, auch gegen Epilepsie sollten diese Seelengeister in Pflanzengestalt helfen; mnd. 13. Jahrhundert veghentrade, weghentrade, weghetrede (Kluges Z. III, 355, 356) = Crassulá minor (Sedum acre Pritzel-Jessen 369).

Ebenfalls eine germanische Pflanze aus der Umgebung des menschlichen Hauses ist das St. Ruprechts-Kraut (Geranium Robertianum) auch Storchschnabel, Storchenbrot usw. genannt. Es hat diese Pflanze aber auch den sehr alten Namen **Orvale**, und zwar in der ehemaligen deutschen Franche-Comté der Burgunder, wo der Einfluß tegernseeischen Klostergesindes aus der Zeit Notkers bei der Behandlung von Tierkrankheiten dieser Pflanze eine besondere Wertschätzung zubrachte, so daß sie sogar als eine Verkörperung elbischer Geister, die auf dem Wasser und in der Luft sich bewegen, galt. „Les orvals sont des esprits qui agissent sur l'air et sur les eaux“ (Melusine I, 346; Rolland, 311).

Diese Pflanze Orval entspricht der Herba ruberti = (ahd.) Orual = Urfall, d. h. Kraut gegen den Erdsturz oder Erdfall oder Milzbrand, Rotlauf, in Österreich auch Biswurm genannt,

*) Auch der wilde Merk Apium ist so glossiert: „ambrosia, apius siluaticus hindilape“, Steinmayer, adh. Gl. IV, 179, mhd. hintlouf, ndd. hintlope.

**) Die Deutung „Herthas-Gespann“ ist vollständig irrig; es gibt keine Göttin Hertha.

mit apoplektiformen Erscheinungen (K. N. B. 120 und Archiv f. R. W. III, 274, Steinmayer, ahd. Gl. III, 558). All die holden Kräfte, die in Kelch und Blüte schlafen, sollten auch die Winterstallseuchen vertreiben, sobald das erste Grün auf der Weide erschienen war. Die Pflanze hat ebenfalls eine süße, eßbare Wurzel, über welche Dioskurides III, 121 keine besonderen Heilwirkungen angibt, welche aber bei den Römern als Zukost oder Gemüse benutzt worden sein mußte, weil sie sie Pulmenia nannten. In der deutschen Volksmedizin heißt diese Pflanze auch bei den Mecklenburgern Adebars-Brot, d. h. das Brot, welches mit dem glückbringenden Storche im Frühjahre erscheint; ferner (1683) „Gottesgnade“, weil sie eine Art Himmelsbrot in Hungersnöten war. Auch diese eßbare Pflanze war ein Heilmittel der germanischen Sippe, welches Dodonäus (1553) als ein Allheilkraut Panakee = omnia sanans bezeichnete [πᾶν-ἀκεῖσθαι] (Friebös 655; De Cock 65, 193, 258). Ihre Verwendung bezeugen die Namen, „Gift (= Gicht-)Kraut“, „Kopfwehblümle“, „Biswurmkraut“ (gegen Milzbrand durch den sog. Biswurm), „Blutkraut“ (gegen den Blutsturz beim Rindvieh), „Rotlaufkraut“ (gegen den Milzbrandrotlauf), „Warzenkraut“ (Brustwarzenentzündung), „Grintkraut“ (ndl. Oyevaersveck) usw. St. Rupert, ein Missionär des fränkischen Christentums, starb 717. Der Heilige, dem das Geranium Robertianum zugeeignet wurde, vertritt hier wohl den Schutzgeist in der Pflanze. Das Bild des Heiligen figuriert auch in Österreich im sog. Fraisketterl (Z. f. Ö. V.-K. XIII, 107) als Schutzgeist gegen Fraisen.

Wie schon der Name, guter oder stolzer Heinrich (Chenopodium bonus Henricus, Agathophytum) andeutet, sah man auch in diesem Heimkraute einen holden Vegetationsgeist verkörpert. In der Schweiz heißt derselbe „Heimeren-Würtzen“, „Heimele“ und „Heimelechrût“, weil er ein beim Heim unterm schirmenden Dache wachsendes Heilkraut ist (Zahler 60), welches dort gegen den dämonischen „Angriff“ (Rotlauf am Euterviertel der Kuh) helfen soll. Auch er ist ein „allgutes“ (Panakee) Heilkraut und Wundkraut, das im Holländischen Algoede, im Dänischen Aldgoede und im Spanischen durch germanischen Einfluß Toda buena, im Englischen Allgood heißt. Die oberbayerischen Senner legen dieses Heilkraut, bzw. dessen Blätter wie die des Wegerichs auf offene entzündete Hautstellen und schwören hoch auf dessen Heilkraft. Tabernaemontanus nannte das Blitum (= Chenopodium bonus Henricus) auch „Mayer", vermutlich wegen seiner Verwendung im Monat Mai (Einhüllung der Maibutter); unter Blitum verstand man aber früher nicht bloß den guten Heinrich, sondern auch verschiedene Melde-(Atriplex)Arten.

Als „grünes Kraut" (= Atriplex hortensis), welches früher ein römisches Küchengewächs, resp. Gemüse war, entspricht es der adripias in dem 812 erschienenen Capitulare de villis von Karl dem Großen. Der „rote Heinrich" ist Rumex acetosa (vgl. D. I, 158 unter Chrysolachanon).

Auch diese Pflanze beweist, daß die in der nächsten Nähe des menschlichen Wohnhauses wachsenden frischgrünen Kräuter bei den Germanen eine besondere Wertschätzung erfuhren. Die antiken Schriftsteller erwähnen dasselbe nicht, nur Dioskurides II, 145 sagt, daß man den Samen der Gartenmelde als Mittel gegen Gelbsucht auf Honigmeth trinken soll.

In Süddeutschland heißen die verschiedenen Rumexarten wegen ihrer breiten, fleischigen Blätter auch **Bletschen** (Flederbletschen, Tockenblätschen, Butterbletschen); sie wachsen hauptsächlich auf sog. Bletschböden um die Viehstallungen herum.

Ihre volksmedizinische Verwendung bei den Deutschen deuten ihre populären Namen an, nämlich „Grintwurz", „Grintlattich", „Ohmblatt", „Zitterochwurz", weil sie auf Grint- oder Zitteroch-Ausschlag und auf entzündete Hautstellen (= Ohm s. K. N. B., S. 452) als kühlender Blattumschlag aus reiner Empirie übergelegt werden.

Solche Rumexarten trugen früher den Namen **Mangold**, welcher auf ein elbisches, bzw. heroisches Wesen hindeutet [ahd. manikold, auch manegolt = beta, mannagolt = Vielherrscher, der mancherlei in der Gewalt hat = πολυκράτης]. Man hat dieses Mangold auch aus einem goldenen Halsbande erklären wollen, wegen der goldgebänderten Durchschnittsflächen der rübenförmigen Wurzeln, aber „mana — als Hals kommt sonst im Germanischen nicht vor", Kluge [6], 258. Der „heidnische Mangold" (= Beta vulgaris) als Vorläufer der süßen Speiserübe („Rübenmangold") galt ebenfalls im Mittellateinischen als Blitus. Diese soeben erwähnte Beta vulgaris (ahd. bieza) entspricht den verschiedenen Spielarten von den im Capitulare de villis erwähnten Bedas. Mangoldblätter, welche im 16. Jahrhundert in der Schweiz auch „Kaal“ oder „Kille“ (= Rumex alpinus) bezeichnet werden, bäckt das Volk dort in die sog. Killenküchli ein, eine uralte Form der Einverleibung eines als heilsam (V. K. M. II, 117) und nährend geltenden Krautes, die wir öfters bei germanischen Heilkräutern fanden. Hirsebrei mit zuckersüßem Mangold empfahl auch schon Hippokrates den Lungenkranken (Fuchs II, 535, 435).

Die Germanen kannten verschiedene **Ampfer**-Arten. Der Name Ampfer (ahd. ampharo, germ. ampra, lat. amârus, indogerm. amró, ags. ompre) geht auf indogermanische Zeiten zurück und bezeugt, daß schon die Indogermanen durch Verkosten und Versuchen der Pflanzen, wobei sie den saueren oder bitteren Geschmack kennen lernten, diese von anderen Arten zu unterscheiden und zu verwerten suchten; zumeist waren dies die verschiedenen Rumex-Arten, welche wir heute als „Sauer-Ampfer“ usw. bezeichnen. Ihre volksmedizinische Verwendung fanden sie, wie ihre verschiedenen Namen bekunden, gegen Mundfäule, Grintausschlag, Ohm, Zitteroch. Als Halsamulett diente der Ampfer gegen schelmische Skrofeldrüsen (Soehns 103); bei Ziegen und Schafen wirkt der Ampfer abführend und hieß bei den Gothaern „Nerwelkraut“, weil er die Nörbeln (s. K. N. B. 448), d. h. den Schafsmist austreibt. Dodonäus (1554) sagt, daß alle Ampferblätter, wenn sie als Vorspeise oder Gemüse genommen werden, den Stuhlgang befördern*) (De Cock 189), eine durch die Mönche („Mönchsrhabarber“) vermittelte Mitteilung aus Dioskurides II, 140. Aus dem „Hausampfer“ (Rumex domesticus?), isl. njóli, machen die Isländer die Ampfergrütze (njóla-grautur), ein ganz altertümliches Gericht, das durch das frische Grün und den säuerlichen Geschmack der Pflanze seine Erklärung finden dürfte (Z. d. V. f. V. K. 1896, S. 250). Sauerampfersamen gibt Läuse, d. h. nur die armen Leute essen Sauerampfer (Schw. A. f. V. K. 1903,

*) Lapathon Romani dicunt rumicem (Pseudo-Apulejus, c. 12) = Lapathum (zu λαπάζω = λαπάσσω = purgiere). Sauerampfer als Mittel gegen Verstopfung s. V. V. M. II, 117, 121.

153). In der Pilsener Gegend werden die Sauerampferblätter zu Brei zerklopft und so als „Ampferbrot“ gegessen. Den fleischigen Blättern entspricht die kühlende Verwendung gegen Hautentzündungen aller Art, Hautwunden und -Rufen: ahd. rumex = ruf (Steinmeyer III, 255, IV, 121). Wir sehen also auch hier wieder aus der eßbaren Gemüsepflanze, die im nächsten Bereiche der menschlichen Wohnstätte wächst, eine Heilpflanze werden. Diese Nähr- und Heilkraft erfuhr sogar eine Personifikation in der elbischen Rumexpflanze, welche direkt als „Tocke“ oder „Dogge“ bezeichnet wird, d. h. als zwerghaft elbischer Geist, ags. docce = rumex, Hoops 616, Dockenbletschen (Oberbayern); ags. wundadocce = rumex (Cockayn, I, 18, 132), (K. N. B. 739), dogg-yrt; in der Schweiz ist Draffne-Ducke ein aus dem abtropfenden Harn oder Samen eines Erhängten aus dem Erdboden neu erwachsende menschenähnliche Alraunpflanze (1666) (Praetorius II, 175), gleichsam der wieder aus dem Schoße der Erde auferstandene Totengeist oder Vegetationsgeist. Sauerampfersamen als Amulett getragen verhütet als elbisches Kraftmittel in Schwaben die Spermatorhoe (V. V. M. II, 164, 148).

Eine Pflanze, welche schon in germanischen Zeiten in der Nähe der menschlichen Wohnungen zu finden war, ist der **Holler** oder Holunder (ahd. holuntar, ags. eller).

Wohl kaum ein anderer Baum spielt in der heutigen Volksmedizin und Folklore eine so große Rolle, als der Holler. Er ist die lebendige Hausapotheke des deutschen Einödbauern (vgl. Höfler, V. M. 117, B. u. M. K. 106). Er liefert der Hausfrau die Blütendolden zu den Johannisküchelu und die Hollerbeeren zur süßen Salse oder zum noch beliebteren Hollermus. Es spendet Schatten über die Hauslaube und ist so mit des Menschen Heim verwachsen, daß er als Wohnort des schützenden Hausgeistes galt, dem man bei Krankheiten auch Brot und Käse als Gabe an das dort wohnende Erdmännchen opferte. In seine Erde vergrub man die Krankheitsstoffe; vor ihm soll man, sagt das Volk, den Hut abnehmen oder niederknien (Z. d. V. f. V. K. 1898, S. 142). Er wird in Dänemark als Baumgeist mit Milchopfern genährt (Z. d. V. f. V. K. 1898, S. 142). Er beschützt die Kinder, hilft den Frauen bei Entbindungen, den Menschen bei Krankheiten; man übergibt ihm die Krankheitsstoffe in den Kleidern, Fieber, Gelbsucht und Gicht, damit sie in dem Baume oder in dessen Erde absterben (Manhardt, W. und F. K. I, 16, 22, 56, Z. d. V. f. V. K. 1898, S. 39, 442, 1897, S. 46, 163, 167, vgl. auch Bilwizbaum in Urquell 1897, S. 33).

Der Holler ist der schützende Lebensbaum der Sippe; wenn der Holler am Hause abnimmt, dann stirbt bald jemand im Hause nach (Wuttke [3], 108). Man darf den Hollerbaum nicht verbauen, sonst kommt der rächende Hausgeist als Geismelker oder Kindermelker (s. K. N. B. 410) über das Neugeborene in dem betreffenden Hause.

Man vergräbt die abgeschnittenen Haare als Teil fürs Ganze in der Erde unterm Hollerbaum; dieser nimmt die Krankheitsstoffe in sein Grab, wie ein Totengeist (Z. d. V. f. V. K. 1900, S. 120). Uber die sonstige Verwendung des Hollers im Brauche des Kinderlebens s. Z. d. V. f. V. K. 1898, S. 56. Der Hollerbaum wird direkt als eine Frau „Hollerfrau" angesprochen*); die Mutter Gottes trocknete sogar ihre Windeln auf der Hollerstaude, die sie segnete, als sie unter derselben „geschermt" hatte (Tirol; Heyl 795). Kein Wunder, daß der schirmende Geist im Hollerbaum überall in germanischen Landen geschont wird. Alles vom Holler wird volksmedizinisch verwendet. Die im Frauendreißiger selten noch gefundene Hollerblüh wird den Lungensüchtigen als Tee empfohlen.

Die gebackenen Hollerblüten „Hollerküchl" oder „Johannisküchl" sind ein Mittel gegen Zahnweh. Die Hollerfrüchte (hylle frö) und die Hollerrinde halfen in der mittelalterlichen nordischen Volksmedizin gegen Hauträude, Kopfweh und Eingeweidewürmer (Fonahn 36). Der Hollerrindensaft wird gegen das tägliche Fieber verwendet. Dioskurides (IV, 172) verwendete nur den Sambucus Ebulus, den er ἀκτή = Attich nennt, obwohl er den gemeinen Holler unmittelbar vorher erwähnt. Der Tiroler und Oberbayer gebraucht diesen „wilden Holler" als Attich-Salse oder Gesälz zum Harn- und Windtreiben. Vermutlich waren es romanische Senner, welche die Bezeichnungen Attich und Salse mit dem Baume den Germanen übermittelten (vgl. auch Höfler V. M. 42, 105, B. und W. K. 108, Hoops 265).

*) Vgl. die alte Ansprache des Hollers als Mann bei Schmeller I, 1084: „Schôge wol holer, daz du man wer etc.".

Der an dieser Pflanze haftende Glaube, daß sie aus dem Blute gefallener Krieger entstanden sei, spricht für ein uraltes Blutopfer an den Holunder oder Lebensbaum; bei einigen germanischen Stämmen ist es Sitte, Holunderbüsche auf Freithöfen anzupflanzen (Schrader 376); kurz der Sippen-Vegetationsgeist steckt im Baum.

Stets war und ist noch der Holler die beliebteste Speise und der nächste Arzneischatz für die deutsche Bäuerin. Die kleinen Häufchen der am Herde durch Rösten getrockneten Hollerbeeren (Hollerrötzel) sind des oberbayerischen Senners leckerste Speise, und von der Hollersalze schreibt der Augsburger Stadtarzt Dr. Minderer im 17. Jahrhundert: „Obschon sie eine Bauernarznei zu sein scheint, so hat sie doch große Kraft und Tugend, den Schweiß zu treiben." Sein frischer Saft dient zur Brandsalbe, wie auch sein frisches Blatt als Wunddeckung. Der Hollerschwamm dient gegen Rotlauf und Augenkrankheiten als Umschlag. Anstatt die gepflückten Hollerfrüchte auf die Rösthürde über dem Herdfeuer zu trocknen, legte man sie im 15. Jahrhundert auch in das warme Bett zum Trocknen; sie sollten dann gegen allerlei Blutflüsse helfen (Janus 1907, S. 109. Vgl. V. M. II, 127, 118, 126).

Hier möchte einzureihen sein, was in der älteren Edda (Fjölsvinnsmal v. 23) steht:

„Ut af hans oldri skal à eld bera fyr killisjúker konur,
utar hverfa Þaz Þœr innar skyli;
sás hann međ monnum mjǫtuÞr".

Von seiner, des Lebensbaumes (Mima-meiđr) Frucht soll man ins Feuer legen dem kindessiechen Weibe, damit dieses auswerfe, was im Inneren verborgen ist; so hilft der Baum den Menschen auch als Heilmittel.

Bei Blutungen der Nachgeburtsperiode vor der Ausstoßung der verborgenen Bürde (Placenta retenta) sollten die am Herdfeuer getrockneten Früchte des Lebensbaumes die Blutung stillen, indem die Nachgeburt zur Ausstoßung gebracht wird. Manhardt W. F. K. I, 56 denkt hier mit Recht an den Holderbaum, oder irgend einen anderen eßbare Früchte tragenden Baum. Nur ein solcher Fruchtbaum konnte als Lebens- oder Schutzbaum angesehen werden. In Schweden umfassen die Schwangeren den Schutzbaum der Sippe, und in Dänemark soll der Holderbaum neben dem Hause den Kreisenden hilfreich sein.

Nur ein Fruchtbaum konnte auch animalische Fruchtbarkeit, Zeugungskraft, d. h. Kindersegen und leichte Entbindung vermitteln. Der Welt- oder Lebensbaum der Edda war ursprünglich (nach Manhardt l. c.) auch ein Fruchtbaum (etwa die Buche, vielleicht auch der Holler) und erst der Dichter der Völuspá mag dafür die Esche eingeführt haben, die dann dichterisches Gemeingut wurde (Manhardt, W. F. K. I, 56). Daß etwa Eschenfrüchte, zur Räucherung benützt, ein geburtshilfliches Mittel seien, läßt sich wohl in keiner Volksmedizin nachweisen. Der geistreiche Übersetzer der Edda, Wilhelm Jordan (1889, S. 512), erlaubte sich sogar die dichterische Freiheit, die Zäpfchenfrüchte des Zirbelbaumes als die Früchte dieses Lebensbaumes anzunehmen; doch kommt die Zirbelkiefer im germanischen Norden nicht vor.

Holunderblätter verwendete auch Hippokrates, wie der Urmediziner als Wundverband (Fuchs II, 366, 535) und als Gemüse (l. c. II, 419, III, 356, 360, 372, 384, 335, 348, 341 usw).

Ein echt germanischer Baum ist ferner die **Schlehe** mit ihren herbsauren, nur nach längerem Liegen etwas süßer werdenden Früchten (Prunus spinosa L., ahd. slêha, ags. slàhæ, ahd. crichboum). Schon 763 steht das Kloster Schleedorf am föhnreichen, milden Kochelsee in romanisch-bajuwarischer Gegend. Die wildwachsende Schlehenfrucht war aber schon dem Schweizer und anderen Pfahlbauern als Genußmittel bekannt (Schrader 628); ebenso aus den spätrömischen Pfahlbauten bei Fulda (Hoops 652). Noch 1551 schreibt Bock in seinem Kräuterbuch 373B. von dieser längst vergessenen Baumfrucht, daß die armen Leute früher die Schlehen über dem Feuer sengten bzw. rösteten, um sie genießbar zu machen. Schlehenwein mit Honig versüßt trank man ehemals zur Kirchweih (Grimms W. B. V, 836). Auch Schröder 798 gibt 1685 an, daß man die Schlehenfrucht ins Bier geworfen habe, um den Geschmack zu verbessern und Verstopfung zu beseitigen und auf die Harnabsonderung anregend einzuwirken. In Frankreich ist der Vin de prunelle ein Wein der Armen, und die Kinder essen dort die vom Winterfrost weich und etwas süßer gewordenen Beeren, mit Brot gemengt, als Schlehenbrot.

Die Schlehenbeeren lieferten zur Zeit von Oswald von Wolkenstein den Schlehentrank. Die eingetrockneten Schlehenbeeren gaben in Oberbayern den sog. Beerenzucker, der von der Schuljugend in Wasser geschüttelt, den alten Schlehentrank ersetzt, und so sehr war auch in Frankreich das niedere Volk von der Wichtigkeit dieses Fruchtbaumes überzeugt, daß es das Gedeihen der Schlehenblüte und Schlehenfrucht beobachtete und als Wetterzeichen prognostisch verwendete (Rolland 405).

Wie die mehligen Vogelbeeren, so werden auch die süßsauren Beeren des Schlehdorns da und dort noch von den Kindern gegessen (Z. d. V. f. V.-K. 1901, S. 62). Die Schlehenbeeren sollen, an einem Freitag im Frauendreißiger gesammelt, die sog. Dreißigstschleh geben, welche zu essen als etwas Sündhaftes galt, weil man dies früher beichten mußte. Vermutlich galt dies als ein die Corception verhinderndes Mittel*). Der Niederländer heißt die Schlehenfrüchte Sleepruimen (prunus) und gebraucht sie gegen den Grintausschlag der Kinder (De Cock 269).

In der Haupttrudennacht der Rauchnächte legte man früher in die Räucherpfanne, das sog. Glüthel, die Schlehdornzweige, als Apotropäon, eine Verwendung, welche sich dadurch erklärt, daß der Schlehdorn früher auch die Rolle des Gehäges erfüllte, welche sonst dem Weißdorn (s. u.) oblag. Noch 1433 ist die Schlehe als Befestigung oder Burgpflanzung erwähnt. Wir werden das Gehäge und den Weißdorn noch weiter unten besprechen.

Viel Ähnlichkeit mit dem Gebrauche des Schlehdorns hat auch die Vogelbeere oder **Eberesche** (Sorbus aucuparia und aria L.). Die erstere hat ihren Namen vom Vogelfang [aves capere, dazu auch *οὖον* = Vogel- und Speierlingbeere]. Das lateinische Wort Sorbus deutet auf einen Schlürftrank, der aus den mehligen Beeren hergestellt wurde [Sorbus, zu: sorbere, schlürfen; dazu mlt. sorbicium = omnis cibus, qui de facile deglutitur, also ein leicht schlürfbarer Trank]. In Tirol heißt die Vogelbeere auch Mostbeere, welche Bezeichnung darauf hindeutet, daß man aus der Vogelbeere eine Biersuppe herstellte. Dioskurides I, 173 führte an, daß auch die Griechen die mehligen Beeren vom

*) 1725 war der Stachel aus Schlehenholz ein Mittel, um Impotenz zu erzeugen, d. h. er versperrte symbolisch das Geburtsschloß des Weibes.

Speierling (Sorbus domestica L., ahd. spereboum) statt Gerstenmehl benutzten.

Wir haben also auch hier wieder einen alten Fruchtbaum, der im germanischen Volksbrauche als Nahrungsbaum auch zum heilsamen Lebensbaume wurde. Es steckt eben eine ernährende Lebenskraft in ihm, weshalb man auch in Westfalen mit der Rute der Eberesche die Kühe aufs Kreuz schlug, wie mit anderen Lebensruten, um sie milchreicher zu machen (vgl. auch unten die Hasel). Im alten Norwegen, auch auf Island findet sich der Volksglaube, daß der Vogelbeerbaum, dort Reynir genannt, aus Menschenblut entstehe (Manhardt W. F. K. I, 40); es scheint, daß der Vegetationsgeist in diesem Lebensbaum mit Menschenblut ernährt wurde.

Ein zwei Zoll langes Stück der Eberesche lag in einem abgeschlossenen Gefäße als Grabbeigabe der schwedischen Bronzezeit um 1100 vor Chr. (Montelius); als Totenbeigabe hatte das Holz der Eberesche früher die Rolle eines Lebensbaumes mit Zauberkräften; wenn viele Vogelbeeren sind, gibt es viele Kinder (Mähren) (Wuttke [3], § 285), wie bei großer Menge von Haselnüssen.

Rostafinsky (Encyklopedia Staropolska ilustrowna IV, 177 bis 181) meinte, daß der gesamte Pflanzenaberglaube des Volkes nur auf die wissenschaftlichen Werke der Antike, Plinius, Dioskurides usw. zurückgehe. Dies ist gewiß übertrieben; mag auch viel „mythologischer Unfug" mit diesem Pflanzenglauben getrieben worden sein, so hat doch jedes Volk, das russische wie das germanische, seinen eigenen Pflanzenmythus. Warum sollten die Römer und Griechen allein das Recht zur Mythenbildung haben?

Altnordisch heißt die Eberesche Thôrsbjörg, d. h. Thorsbergung oder Thorsrettung, weil sie den Gott Thor aus dem Wildwasser rettete (Meyer, Myth. d. Germ. 353). Gegen Wassersucht soll der Saft der Eberesche noch heute helfen. Der Lebensbaum als Schutzbaum entspringt der Vorstellung, daß der Mensch und selbst die Götter durch ihn gerettet werden können. Sehr leicht knüpfte der Mythus gerade an die eßbare Früchte tragenden Lebensbäume an; diese wurden auch Schutzmittel gegen Gewitter, wie viele andere Heilpflanzen aus der germanischen Kulturperiode ohne allen direkten Bezug auf den Donar-Gott.

Bezüglich des germanischen Baumes, der **Esche** (Fraxinus, *βου-μελία, -μελίη*) verweist der Verfasser auf seinen B. und W. K., S. 139ff., möchte aber noch ergänzend hinzufügen, daß Hesiod in seinen Op. 147 den Zeus das dritte oder eherne Menschengeschlecht aus Eschen *ἐκ μελιᾶν* erschaffen läßt; in diesem Baume wohnte die Nymphe Melia, die ihren Namen von der südlichen honig(*μέλι*)- süßen Manna-Esche haben dürfte. Unser germanischer Eschenbaum ist kein Honigbaum; in ihm wohnt aber auch eine „Eschenfrau" als Vegetationsgeist (Manhardt, W. und F. K. I, 11, 41, II, 8, 43); er erhielt auch Milchopfer (l. c. II, 10, 11). Manhardt, dem wir in diesem Punkte folgen dürfen, meint, daß der Dichter der Völuspá aus dem ursprünglichen Lebensbaume, der eßbare Früchte getragen habe, in dichterischer Freiheit eine Esche (= Baum überhaupt) machte.

Das feste, harte Eschenholz bildete den Feuerquirl, aus welchem das Not- oder wilde Feuer hervorgerieben wurde (ignis fricatus de ligno); als solches benutzten es die Hirten und Lagersoldaten noch lange; es ging von Haus zu Haus („gang und gäbe"), so daß davon der Ausdruck sich ableiten dürfte: „Die Geschichte läuft um, wie das wilde (Not-) Feuer" (Grimm W. B. III, 1586, Simrock H. D. M. 256). Ursprünglich diente das Feuer nicht zur Erwärmung, sondern zur Röstung der schwerverdaulichen rohen Eichel- und Körnerfrüchte.

Aus dem Eschenbaume, dem Feuerlieferer, kam Lebenskraft und Neubelebung bei schwindenden Gliedern und Wunden (1685): „Etliche halten darvor, daß, wan man dieses Holtz am Johannes, des Täufferstag, haue, solches durch bloßes Reiben (= Notfeuer) die Wunden heile." „Obgemeltes Wuntholz muß auch mitten in der Nacht gehauen werden, zwischen 11 und 12 Uhr" (Sonnenwende ist die Schwärmzeit der Seelengeister, in der die Zauberkräfte tätig sind). „Ich rede aus Erfahrung, saget Paräus (A. Paré?), daß, wenn man mit Eschenlaub einen Ring (Kreis) umb eine Schlange machet, sie viel eher in ein Feuer, dann in besagtes Laub fliehet" (Schröder 923); ein alter Aberglaube, den schon Plinius anführt. Daß die Esche, der Baum mit der inneren Lebenswärme, auch „Schwindholz" und „Wundbaum" heißt, ergibt sich aus obigen Volksmeinungen; ebenso wenn 1599 geraten wurde, die Winde vom „Schwindholze“ unter die Zunge zu legen für die Sprachlosigkeit (geschwundene Sprache) [Arzneibuch eines Tölzer Patriziers). Vom Eschenholze schwindet, was damit in Berührung kommt (Heyl 795), sogar die Wandläuse verschwinden von der am Otmarstage eingetragenen Eschenrinde (Schw. A. f. V. K. 1903, S. 50); auch der Blutfluß schwindet durch das Eschenholz (Z. d. V. f. rhein. V. K. 1908, S. 94).

Der sog. Eschmunt (ahd. 8. Jahrhundert ascmund und escmund; Förstemann II, 465) hat mit dem Baum Esche keine Beziehung, sondern ist die Bezeichnung für Eschhai, Aufseher über die Weide oder Atz des Viehes.

Ein echt gemeingermanischer Baum ist ferner die **Linde**, tilia, *φιλύρα* [= Bienenfreundin, Silberlinde in Mazedonien] ahd. linta, die namentlich der altgermanische Krieger für seinen Schild verwertete und die das bauende Volk besonders wegen ihres Honigduftes hochschätzte.

„Linde, du einziger Baum,
Dich grüßt wohl selbst der Blinde,
Der deinen Namen nie im Traum
Vernommen, noch als Linde“. (F. Hebbel.)

Das Volk hatte für den die honigliefernden Bienen anziehenden Lindenbaum stets eine besondere Verehrung; denn der Honig, der mit der reicheren Lindenblüte auch reichlicher floß, war eine besondere Leckerspeise, mit der man die Totengeister versöhnen konnte. Kein Wunder, wenn auch der Lindenbaum wie ein Speisenbaum zum „heiligen Baume“ wurde, dessen Heilkraft noch heute populär ist.

Auch bei den Griechen wohnt im Lindenbaum die Nymphe Philyra; dies war der verwandelte Geist eines Menschen (Manhardt, W. und F. K. II, 19).

Bei den Nordgermanen ist er der Wohnsitz des Vegetationsgeistes (bo-trœd) und der Schutzbaum der Sippe (vår-trœd) (Manhardt W. F. K. I, 51, 59, 187, 188); er ist der Baum der ganzen Dorfsippe, dem diese Opfer darbringt (l. c. 53), um den sie herum tanzt und der sie vor Unglück bewahrt. „Pflanze Linden um dein Haus, dann können die Hexen nicht ankommen“ (Mélusine VI, 182).

3*

Auffälligerweise erwähnen die antiken, griechischen und römischen Pflanzenkundigen die Lindenblüte nicht als Heilmittel; nur Herodot IV, 67 schreibt: „οἱ δὲ Ἐνάρεες οἱ ἀνδρύγυνοι τήν Ἀφροδίτην σφίσι λέγουσι μαντικήν δοῦναι φιλύρης δ'ὦν φλοιῷ μαντεύονται. ἐπεὰν τὴν φιλύρην τρίχα σχίσῃ, διαπλέκων ἐν τοῖσι δακτύλοισι, τοῖσι ἑωυτοῦ καὶ διαλύων χρᾷ".

Herodot erzählt also, daß die mannweiblichen Skythen die Aphrodite verehrten und daß diese Göttin ihnen das Wahrsagen gegeben habe; sie prophezeiten nämlich aus dem Baste der der Aphrodite heiligen Linde, indem sie den Bast dreifach spalteten, und diese Baststreifen um die Finger des Aphroditenbildes herumwickelten und wieder auflösten und dadurch gab sie ihnen den Orakelspruch auf die zukünftige Honigernte, die sie aus der Bienen liebenden Linde (φιλλυρέα Dioskurides I, 111) zu erwarten hatten, da der im Baste aufsteigende Saft eine leichtere oder schwerere Aufrollung gestattete (s. unten auch Mistelbast). Mit heiligem Ernste und angsterfüllter Sorgfalt beobachteten die auf die vegetabilische Nahrung angewiesenen Völker das Gedeihen ihrer Nahrungsbäume, aber auch das des Honig liefernden Lindenbaumes, den sie mit Opfergaben wie einen Fruchtbarkeit spendenden Hausgeist beschenkten. Plinius Valerianus (4. Jahrh. n. Chr.) erzählt, daß man zur Vertreibung des viertägigen Fiebers Brot mit Salz (mola salsa) in einem „linteo lyco" als Opfer an den Baum hängen soll mit den Worten: „Morgen krieg ich Gäste (Fieberdämonen), wolle du sie für mich empfangen" (De Cock 19).

Mit diesem Pflanzenorakel des Lindenbastes hängen wohl auch die gleichsam beschwörenden Bastlöse-Reime zusammen, welche die Kinder im Frühjahre beim Lösen des Bastes der Weide, des Hollers, des Vogelbeerbaums usw. singen.

Mit dem Stricke aus Lindenbast kann man den Teufel fangen (Z. d. V. f. V. K. 1901, S. 105, Manhardt W. F. K. 165), wie mit der Haselstaude die Hexe. In Frankreich dient der Lindenbast auch für kranke Augen. Man übertrug wohl auf ihn die Krankheitsstoffe und warf ihn weg.

Die Linde ist der Schutzgeist der honiglüsternen Dorfsippe*)

*) Vergleiche hierzu die vom süddeutschen Volke geopferten eisernen Votivbienen (Österr. Volkskunde-Museum; Andree, Votivgaben).

und der Baum, welcher noch heute am häufigsten mit christlichen Kultstätten in Verbindung steht. 52 Prozent aller oberbayerischen Lindenkapellen sind Wallfahrtsorte, und zwar sind es meist weibliche Heilige, die in der „heiligen Linde" rasten. Aus Lindenholz (Lignum sanctum) sind viele Marienbilder geschnitzt; die Lindenjungfrau rastet in einer Marienkapelle bei St. Georgenberg im Inntal, und in Steinsberg bei Aachenkirchen (Tirol) gibt es eine für Mensch und Vieh heilkräftige Linde (Alpenburg); einen heiligen Lindenbaum besuchen die Mütter in Flandern, wenn ihr Kind am „Elterken" (= Atrophie s. K. N. B., S. 9) leidet; sie legen das Kind unter das Laubdach der Linde, weil das abtropfende Naß und der Lindenschatten, der Schatten eines Verstorbenen, der im Baume wohnt, unfehlbare Genesungskraft hat (De Cock 229). Eine Wallfahrtskapelle bei Buttwiesen (Donauwörth) heißt „die Linde" und ist der heiligen Dreifaltigkeit geweiht (Deutsche Gaue H. 83, 84, S. 20). In Oberbayern sind die Pestlinden auch sog. „Taferlbäume", d. h. mit Votivtafeln behängt. Am Johannistag soll man die Lindenblüh eintragen; ihre Körnlein gibt man den schwangeren Müttern, wenn etwa ihre Kindesfrucht im Mutterleibe so angewachsen wäre, wie das Samenkörnlein an dem Stiele der Lindenblüte; Schönheits- und Stärkemittel sind es vor allem, welche die Linde, deren Holz heilig ist (Lignum sanctum), in ihren Blättern, Blüten, Wurzeln, Marke, Samen, Bast und Rinde bietet. Sie ist eine Panakée, wie der Holler und die Mistel. In ihr singen die Heiligen, d. h. die elbischen Bienen, welche ihren Honig aus Kelch und Blüte saugen (Scheible IX, 895). Im übrigen ist zu verweisen auf des Verfassers B. und W. K., S. 85—93.

Wie ein Seelengeist kann die Linde Krankheiten heilen, aber auch Krankheiten bringen. Mit dem Lindendufte befällt der Totengeist im Alptraum den im Schatten der Linde schlafenden Menschen. Über solche Lindenkrankheit siehe des Verfassers K. N. B., S. 318.

Nicht bloß der Linde Duft, den selbst der Blinde begrüßt, hat eine krankmachende Wirkung, sondern auch ihr Schatten eine heilende Kraft, wie der Kranewit.

Nach einem noch vor 150 Jahren lebendigen Volksglauben

war der Schatten der blühenden Linde imstande, die schwere Not (= Epilepsie) zu kurieren. Die honigliebenden Seelenbienen, die im Lindenwipfel singen, nehmen die durch üble Unholde veranlaßten Krankheiten weg (Arch. f. R. W. II, 171, Rolland 129). Holde und unholde Geister, wie eben die Seelen der Verstorbenen sind, halten sich in dem Baume auf und unterm Lindenschatten wird in Flandern auch der Hexensabbat gefeiert (De Cock).

Wie die Nessel und die Birke, so war auch die Linde ehemals ein Kleiderbaum. Pomponius Mela, ein Zeitgenosse des Kaisers Claudius (ca. 40 n. Chr.) sagt in seiner Schrift De Chorograph. III, 3 von den Germanen: „Die Männer hüllen sich in kurze Mäntel oder in Baumbast", worunter nur der zähe Lindenbast oder die geschmeidige Rinde der Birke zu verstehen ist (Z. d. V. f. V. K. 1895, S. 141).

Wie die Linde durch den Bienenhonig und das Bienenbrot (Honigfladen oder Bautenleim, ahd. beibrôt, ags. béobread, engl. beebread, mhd. biebrôt, Kluge [6], 58, Schrader 113, in welcher Komposition das Wort „Brot" auffälligerweise am frühesten auftritt) ein Brotbaum ist, so ist auch die **Birke** ein indogermanischer Nahrungsbaum durch den Birkenwein, den sie liefert. Innerhalb des Verbreitungsgebietes dieses Baumes muß die Urheimat der Indogermanen gesucht werden nach E. H. L. Krause (Globus 1892); wie die Eiche durch ihre genießbaren, stärkemehlreichen Eichelecker ein Wohltäter der Menschheit war, so auch ehemals die Birke (Betula) durch ihren zuckerhaltigen Baumsaft; gerade an diesen Baum knüpfen sich auch die ältesten Religionsmythen (s. A. f. R. W. 1899, S. 13); wie die schwächlichen Kinder heute noch geröstete Eichelfrüchte als Aufguß erhalten, so tranken nach Konrad von Megenberg (1475) die kleinen Kinder auf dem Gäu den Birkensaft; er ist süß und stinket nicht nach Birkenholz. Nach Lonicerus (1587) erquicken die Hirten ihren durstigen Mund mit dem Birkenwasser und die Bulgaren haben den Birkensaft noch als Getränke (Lippert, Kulturgeschichte I, 590). (1685) „Wann man des in dem Meritzen fließenden Birkenwassers einen und anderen Becher voll mit Hopffenreichen Bier vermischet und des Morgens trinket", so hilft es (diuretisch) gegen Blasenleiden (Schröder 842); für abgezehrte Siechlinge ist der im Mai gewonnene Birkenwein ein altes Mittel und vielleicht rationeller als mancher Medizinalwein, jedenfalls war er das erste künstlich zur Gärung gebrachte Getränk unserer Vorfahren, die die Birke zu den Hausbäumen zählten; vermutlich war er auch ehemals ein Stärkungsmittel der stillenden Mutter, welche Verwendungsart zu erschließen ist aus dem Iserlohner Volksbrauche, die milchgebende Kuh durch den Birkensaft zu stärken. „Quîk, quîk, quîk, brenk miälke in den strîk (Euterzitze), de sâp es in den biärken. En namen kritt de stärken" (Manhardt, W. F. K. I, 271). Birkensaft stärkt auch den Haarwuchs der Frauen (Z. d. V. f. rhein. V. K. 408, S. 100) und macht fruchtbar.

Auf dem dänischen Hofe Hortvedt erhielt der Birkenbaum wie ein Hausgeist göttliche Verehrung durch Speiseopfer (Flachbrot mit gesalzener Butter); auch wurde ein Ei mit Buttermilch über seine Baumwurzeln ausgegossen — do, ut des — (Z. d. V. f. V. K. 1898, S. 142); auch bei den Russen erhält die Birke eßbare Opferspeisen (Manhardt, W. F. K. I, 157, II, 161); man darf ihn in Baden ebensowenig abschneiden, wie anderwärts die Hollerstaude (l. c. I, 34). Sein Reis ist wie der Lindenzweig und wie das Plum (pluomo = Weidegang)-Holz der Buche im Frühling, eine allgemein germanische Lebensrute, der Gedeihzweig, dessen Berührung frische Lebenskraft und Fruchtbarkeit (Milchfluß) erhoffen ließ. Auf dem Birkenwang war die Maienstätte; ein solches Pirchinwanck schenkte der Bayernherzog Hugibert an die Regensburger Kirche zu einer Zeit als die Bajuwaren noch idololatriam trieben, d. h. größtenteils Heiden waren. Der mit Birken abgegrenzte Rechtsbezirk (norweg. birk) entspricht der mit Haselstauden abgesteckten mahalstat der althochdeutschen Zeit.

Die Birkenblätter, d. h. deren gerbsäurehaltiger Saft diente gegen Brustwarzenschrunden; eine Erfahrung der stillenden Mütter.

Daß die Germanen den Birkenbast zu Zeltbedeckungen und Kleidern, Gürteln, Sandalen benutzten, haben wir schon oben bei dem Lindenbaste erwähnt (Friedel, Z. d. V. f. V. K. 1895, 141; Weinhold, Altnord. Leben 301, 312, 317; Winter in A. f. R. W. II, 19); auch hierbei mögen sich schon frühzeitig Erfahrungen über die Beschaffenheit des Bastlösens und die kommende Fruchtbarkeit des Jahres gebildet haben; über solche Bastlöse-Reime beim Abschälen der Birkenrinde s. Z. d. V. f. V. K., 1891, 314. Das Kleid des Hausgeistes in dem Birkenbaume, die Birkenrinde, wird als Apotropäon gegen Dämonen-„Angriffe" auf die Milchkuh am Euterviertel verbrannt (Zahler 71), und auch der Birkenbast in die Türschwelle verpflockt (Zahler 60), mit einem Opfer von drei Handvoll Weißmehl an die Hausgeister. Die Birkenfrucht-(Reis?) hatte in der schwedischen Wikingerzeit ein eigenes Runenzeichen ᛒ (Bjarkan).

Der lateinische Name Betula ist wahrscheinlich aus dem Keltischen entlehnt; bed = gallica arbor des Plinius (XVI, 18, 75). „Gallica haec arbor mirabili candore atque tenuitate, terribilis magistratuum virgis, eadem circulis item corbium (Korb) costis; Bitumen ex ea Galli excoquunt", d. h. die Gallier stellten aus der „bed" den Bitumen, den Birkenteer her, der heute offizinell ist. Die Erfahrungen des Teergebrauches bei Hautkrankheiten sind wohl nicht germanischen Ursprungs (Juchtenöl als Hautheilmittel wurde erst 1676 durch Grülingius eingeführt in Deutschland). Für das germanische Volk war die Birke ein Lebensbaum, dessen Umgebung auch schon heilsam war, so die im Birkenwald*) wachsende „Birkwurz" („Heilwurz", „Blutwurz", „Siechwurz") ein gynäkologisches und Ruhrmittel (= „Tormentilla"), ebenso der „Birkenschwamm" (Feuerschwamm), die „Birkenmistel" („Hexenbesen") (dazu Krause, in Globus 1892, S. 167).

1579 empfahl den im Schatten der Birkenbäume wachsenden rötlichen Erdschwamm, Boletus scaber, Agaricus torminosus, als Mittel gegen zauberhaft entstandene Gliederlähme der Carrichter-Toxites in seiner Practica 33; nach alter Tradition durfte der Schwamm nur mit einem spitzen Holze aus Lindenholz ausgegraben werden im ersten Neumondviertel. „Wunderbar ist, daß der Birkengebrauch die durch den Eichbaum verrichteten Zaubereien hintertreibt und heilt" (1685) (Schröder 823); es scheint als ob der zu christlichen Volksgebräuchen verwendete Birkenbaum hier im Gegensatze steht zur Verwendung des Eichenbaumes, an welche sich altherkömmlicher Volksglaube mehr anknüpfte und lebendig blieb.

*) Bei den Letten ist Birke = Birkenhain, Laubwald, Gehege überhaupt (A. f. R. W. II, 23).

Es gereicht dem Verfasser zu einer besonderen Befriedigung, daß Winter (A. f. Rel. W. II, 19) auf Grund seiner zuverlässigen Beobachtungen der lettischen Volksgebräuche ebenfalls zu dem Ausspruche kam: „Ganz besonders die Bäume oder Baumgruppen bei den Wohnhäusern waren von Geistern belebt, die in nahen, freundschaftlichen Beziehungen zu den Hausbewohnern standen". Wir werden diese Anschauung noch öfters bestätigt finden auch bei den sonstigen volksmedizinischen Heilkräutern.

Die **Ulme**, ein indogermanischer Baum, der aber mit der Wohnstätte des Menschen in keiner Beziehung steht, wird auch volksmedizinisch so viel wie nicht verwendet.

Ein weiterer indogermanischer Baum ist die **Eiche** [Quercus Robur L., *δρῦς* = Baum überhaupt, weiterhin Eiche]. Der älteste Speisebaum wurde eben zur Bezeichnung „Baum" überhaupt zuerst gewählt, weil das Nahrungsbedürfnis die Triebfeder zur Differenzierung der Pflanzen bzw. Bäume war; auch in Island ist eik = Baum überhaupt (Kluge [6], 89).

In vielen vorgeschichtlichen Stationen findet man die Eichel auch als Menschennahrung (Hoops 476). Plinius h. n. XVI, 15 schreibt über die Verwendung der Eicheln zur menschlichen Nahrung: „Nec non et inopia frugum arefactis emolitur farina, spissaturque in panis usum; quin et hodieque per Hispanias secundis mensis glans inseritur, dulcior eadem in cinere tosta".

Nach den Zeugnissen der Alten wurde die Eichenfrucht als Nahrung gegessen von den Iberiern, Pelasgern, Arkadiern (*Ἀρκάδες βαλανηφάγοι*), Silikiern, Kurden, Persern; auch der Name Äsculus (Aeg-sculus), der erst später auf die Kastanie übertragen wurde, war ursprünglich ein Name für die eßbare Früchte liefernde Eiche (Z. d. V. f. V. K. 1891, 142; Schrader 164). Bei den Römern erhielt sogar der Hauptgott Jupiter als besonders althergebrachtes Opfer die Eichenfrucht; sie hieß daher Iu-glans = glans Jovis, *Διός βάλανος*; die Alten hielten alle Nüsse, welche frisch einer Eichel ähnlich sind, für eine Gottheitsspeise (Macrobius Saturn. II, 14, nach Berendes 143 ff.). Auch bei den Griechen durfte man einstmals die Eichen nicht mit dem jüngeren Eisen fällen, „*τὰς δ'(δρῦες) οὔτι βροτοὶ κείρουσι σιδήρῳ*" (Manhardt, W. F. K. II, 5). Die Griechen und Römer erwähnen den Genuß der Eichelfrucht als etwas ganz Primitives (Artemidoros II, 25. Galenus de alim. fac. II, 38). Plinius sagt: „Glandiferae arbores primo victum mortalium aluerunt, nutrices inopis ac ferae sortis." Trotzdem war sie eine Gottheitsspeise für den Frühlingsgott Mars und den Hirtengott Pan (Manhardt, W. F. K. II, 23, 129). Schon in der älteren Edda (2. Gudrunlied 22, Jordan 414) sind gebrannte Eicheln (akarn brunnin) mit den Eingeweiden von Opfertieren und einer gesottenen Schweinsleber eine ganz deutliche Kommunio mit der Hausgottheit und ein altes Heilmittel (Organotherapie, S. 44). Die uralte, vegetabilische Volksspeise hatte der Opferkult erhalten (vgl. oben Hirse, S. 10). Im angelsächsischen Runenliede V. 77 heißt es: „ác byþ on eorþan elda bearnum flǽsces fóder" d. h. auf Erden ist die Eiche den Menschenkindern soviel wie Fleischesnahrung (Schrader 583). Auch in Snorris Edda (1230) II, 420, 423 (Jordan 355) wird hjarta heitir ok akarn erwähnt, d. h. der Genuß eines heißrohen Herzens mit Eichenekern (auf Kohlen geröstet) als Nahrung der Götter. In einem Verse der älteren Edda (Havamal 137, Jordan 254) wird „eik viþ abbindi" d. h. Eichelfrucht gegen windenden Ruhrschmerz empfohlen; die Erfahrungen früherer Generationen, die sich noch mit Eicheln ernährten, ließ dieses Ruhrmittel empirisch festhalten; in der norwegischen Pharmakopoe ist das semen quercus tostum noch offizinell; es enthält 38°/₀ Stärkemehl, 7—8°/₀ Zucker, so daß es eine gewisse Berechtigung hatte, von einem „Gedeihbaume" zu reden, dessen Früchte auch für „baumleibige" Kinder als Eichelkaffee dienlich sein konnten. In der Klostermühle zu Indersdorf wurden 1664 die Eicheln zum Hausbedarfe geröstet und gemahlen. 3—4 Eicheln am Ofen gedörrt und gemahlen, auf Wein eingenommen, waren 1787 noch ein tanninhaltiges Mittel gegen Ruhr (Mieser Kräuterbuch), dasselbe Mittel, das die Edda gegen Ruhrkolik schon empfohlen hatte; im 16. Jahrhundert war die Eichenrinde ein gegen Ruhrseuchen versuchtes Pestmittel (Schönbach 148); das Laub der Wintereiche ein Mittel gegen Frost (Z. d. V. f. rhein. V. K. 1908, S. 100).

Im Reiche der Burgunder und Bajuwaren waren die Eichenbäume nach den Volksgesetzen noch Schmeer- oder Fruchtbäume, arbores frugiferae, die die gedeihliche Ernährung förderten, daher auch „Deihbäume“ genannt; sie gaben Manneskraft (Robur Jovis) und standen in ahd. Zeiten unter der Muntschaft des Eichen-Munts (784 Ehamot, Ehemuot, 837 Eihumunt, 9. Jahrhundert Ekkimunt, 10. Jahrhundert Egmund), so wichtig erschien dem Bajuwaren die Eichelnahrung, die der im Eichenbaum wohnende Vegetationsgeist spendete*); wie ein göttlich verehrtes Wesen erhielt die Eiche auf Weihnachten in Dänemark Brot, Bier und Fleisch und Julgrütze als Opfergabe (Z. d. V. f. V. K. 1898, S. 131, 133, 141); diesem Schutzgeiste der Sippe, der in der fruchtbaren Eiche wohnt, klagte man wie dem Birnbaume auf der Hofstätte oder wie dem Hausgeiste an der Herdstätte seine persönlichen Anliegen („Klagebaum“); durch seine Spalten zog man die elbisch verwachsenen oder brüchigen Kinder zur Wiedergeburt (vgl. Gaidoz, Un vieux rite médical 1892), wie man solche Kinder auch zum Umbacken in den Herdofen (Hausgeisterstätte) schob; solche Kinder hießen „baumleibig“, weil sie der vegetationsfrische Nahrungsbaum neu gebären sollte; man übergibt ihm ja auch die Krankheiten (vgl. Manhardt, W. F. K. I. 17; De Cock 83), die man in ihm verpflockt, vergräbt oder sonst anhängt, wie den Parasiten in der Schafswolle, der an die Dornhecke abgestreift wird. Solche „Zwieseleichen“, durch deren Gabelungsringe der durchschmiegende kindliche Körper gezogen wurde, heißt im schwedischen smöj-eka = „Schmiegeeiche“ (Z. d. V. f. V. K. 1897, 47); solche Fruchtbäume nehmen besonders das Vergicht (Eclampsie s. K. N. B., S. 192, Westphal, Pathol. Dämon. 97, 122; Paullini, Philosophischer Feierabend 543) auf, ebenso auch die Erde unterm Früchte tragenden Hollerbaum (Z. d. V. f. V. K. 1892, 81; De Cock 83). Die Götter wohnten in den Bäumen und in den aus Bäumen erbauten Tempeln. In der germanischen Tempelhalle des Königs Wolsung stand eine große Eiche, deren Zweige übers Dach hinaus sich ausbreiteten (Volsungasaga 2). Der germanische Tempel der Urzeit knüpfte in seinem Ursprunge an die uralte,

*) Der Schutzgeist des Hauses trägt in Sachsen auch Eichelfrüchte im Munde (Manhardt, W. F. K. I, 44, Herrman D. M. 150). Der litauische Perkúnas bedeutet Eichengott (Schrader 164); sonst hausen und rasten die Heiligen unter solchen Fruchtbäumen, deren durch Opfergaben gewonnene Lebenskraft sich namentlich sexuell bemerkbar machen sollte (vgl. Lundgreen, S. 2, 5, 20).

mächtige Göttereiche, den Speisebaum, an (Golther 594). Die Anteilnahme an der Gottheitsspeise (communio) war auch bei den Germanen eine therapeutische Methode der Volksmedizin, welche selbst die Asche der Opferfrucht als Heilmittel benutzten (s. Organotherapie v. Asche). In der germanischen Volksmedizin spielt die Eichenasche oft dieselbe Rolle wie die Feigenbaumasche in der griechischen.

Der stets lehrreiche folkloristische Beiträge liefernde Konrad von Megenberg (1476) sagt: die alten Heiden hätten ihre Abgötter (Idole) in den Eichen gehabt und wenn sie ihnen ihren Kummer klagten, so antworteten ihnen aus den Klagebäumen ihre Abgötter (= Hausgeister im Baume; vgl. Z. d. V. f. V. K., XIV, S. 431).

Der Eichenbaum als Gedeihbaum beeinflußt volksmedizinisch hauptsächlich die männliche Potenz und liefert eine Reihe von Mitteln gegen die Unfruchtbarkeit (Carrichter-Toxites, Practica 1579, S. 35, 37ff.; Zwinger 1741, der sichere und gescheite Arzt, S. 479); als Genitalleiden wurde auch die Harnwinde angesehen, daher empfahl Konrad von Megenberg die gebratenen (gerösteten) Eicheln (und Holzbirnen) als Mittel für die letztere und auch für die sog. feuchten Läufe (Ausflüsse). Im übrigen muß Verfasser auf seinen Baum- und Waldkult, S. 98—106 verweisen. In der mittelalterlichen englischen Volksmedizin wurden oakcorns (acorns, Eichenecker) mit dem Schmalze von einem roten Schweine, Salbey und Maibutter zu einer farbigen Salbe zusammenverrieben als antibakterielles Mittel gegen Würmer in dem Menschenfleisch (Haut) empfohlen (Fonahn 20), eine Verwendung, die ähnlich auch bei Hippokrates (de morbis II c. XIII, Fuchs II, 414) unter Verwendung von Eichelschalen und Salbenfett gegen Hautschwären sich findet; auch sonstiges Dämonenwerk vertreibt das Eichenlaub; dieses und den Kranewitt sieht der Teufel nicht gerne (Z. d. V. f. V. K. 1898, S. 396). Wenn die Pferde eine juckende Mauke unter den Fesselhaaren, d. h. nach dem früheren Volksglauben einen meuchlings an den sog. Strupfen hausenden Wurm (Hautekzem) haben, so hängt man in Tirol in Kuhurin (= Ammoniak) gesottene Eicheln dorthin, so heiß als möglich, um den Wurm abzulocken (Z d. V. f. V. K. 1898, S. 44).

Mit dem Feuer aus Eichenholz wollte Lorenz Fries in seinem Spiegel der Arznei 'die Pestseuchen vertreiben. Die Eichelkohlen vertreten auch manchmal die gerösteten Eichelfrüchte im Volksbrauche; die Empirie des Verfahrens mußte aus der ernährenden und stärkenden Eichelfrucht eine Reihe volksmedizinischer Methoden zur weiteren Entwickelung bringen, wie auch aus der Eiche mit der tanninhaltigen Lohe die ahd. tanna, franz. tanne als Lohrinde liefernde Tanne sich sprachlich trennte (Hoops 116).

Auf deutschen Kultbroten der Neujahrszeit figuriert gerade die Eichelfrucht mit Vorliebe als Schmuckmotiv, ein Überbleibsel des alten germanischen Eichelopfers, das auch als Eichenlaub oder -Reis bei den Germanen auf den Opferaltar gelegt wurde (Schrader 544); auch die Griechen umkränzten die Opferaltäre mit Eichenlaub und die Todesgöttin Hekate war mit einem Eichenlaubkranz bekrönt (l. c.); das Laub des Fruchtbaumes mit den Eicheln war eben das alte Seelenopfer; die durch die Kultzeit gebotene Kommunio mit der Gottheitsspeise verschaffte dann Glück und Gesundheit; der Kult erhielt so die Eichelfrucht (auch als Kuchenschmuck) länger in dem volksmedizinischen Gebrauche.

Ein weiterer Speisebaum aus der vorgermanischen Zeitperiode ist die **Buche** (fagus, vorgermanisch bhâgos, *φηγός*, zu: *φαγεῖν* = essen; Speisebaum), sie ist das Blumholz, die Blumware, das zur Viehmast (pluoma = Weide) dienende Futter, das aber als Buchecker auch dem primitiven Menschen ehemals zur Nahrung diente. Manhardt W. F. K. I, 39, 56 neigte zu der Anschauung hin, daß der nordgermanische Weltbaum ursprünglich ein Fruchtbaum („etwa eine Buche") war und daß der Verfasser der Völuspá dafür die Esche (= Baum überhaupt) eingefügt habe, die dann dichterisches Gemeingut wurde. Der Schwede J. V. Broberg (Bidrag från vår Folkmedicins Vidskepelser 1878, S. 100) nahm sogar an, daß dieser Weltbaum (Mima-meiðr) ein Nadelbaum (s. unten Zirbel) gewesen sei (Janus 1908, S. 207); jedenfalls aber dann nur unter südlichem Literatureinflusse; nur im Süden konnte die Pinie eine genießbare Frucht liefern; bezüglich der Weltesche verweisen wir auf S. 31. Neben den Eicheln und Haselnüssen waren für den Ureuropäer die Buchenecker („Bücheln") die wichtigste Baumfrucht, die ihm nicht weniger schmackhaft waren als dem Pfahlbauern die Holzäpfel; werden die Büchelchen doch heute noch von den Kindern gegessen und hießen die primitiven schwarzmehligen Seelenbrote der Allerseelenzeit „Bücheln“, weil sie aus solchen Bücheln (ahd. buchil = faginum, fructus arboris) hergestellt wurden und auch unter diesem Namen weiter verschenkt wurden, auch als sie bloß mehr aus anderem schwarzem Mehl bereitet wurden (s. d. V. Baum- und Waldk. 83; D. Ö. A. V. Z. 1883, S. 335; Schöpf Jd., 518, 668). Dieser Umstand, daß die Büchel wie die Eichel (s. d.) und Hirse in den Kultritus einbezogen wurde, spricht für alteinheimische Verwendung dieser Früchte als Volksnahrung; wie der Lindenbast, so sagt auch der Buchenspan als Pflanzenorakel etwas voraus, besonders am Allerseelentage, an dem die Seelengeister am meisten zugänglich sind und mit den sog. Bücheln (Seelenbrot) versöhnt wurden (s. Allerseelentagsgebäck in Z. f. Ö. V. K. 1907, Supplementband). Konrad von Megenberg (1476), der sich auf dem Gäu umgesehen hatte, schrieb, daß die armen Leute sogar aus den jungen Buchenblättern sich einen Gemüsebrei machten und sie wie ein Kraut sotten. 1626—1642 verzehrten die Lehensleute des Klosters Frauenwört am Chiemsee in den Fastenzeiten Brot aus Feldblumen, Bücheln und Flachssamenkapseln (H. Peetz 214). Der unter Buchen und im Walde wachsende Buchampfer (Oxalis acetosella) heißt auch „Buchenbrot“ und war ehemals ein Mittel gegen die Pestilenz (als kühlendes Getränk bzw. Aufguß). Im übrigen verweisen wir wieder auf unseren Baum- und Waldkult, S. 73 ff. Als fruchttragender Baum wirkt er auch auf den Milchreichtum ein. Die Milch gibt besseren Rahm, wenn man die Weitlinge mit den Blättern jener Buche, in der diese Edigna zu Puch rastete (l. c. 74), auswäscht (Bayerland 1905, N. 17, S. 199).

An den in der Speisebuche wohnenden Buchengott der Griechen erinnert der Name des phrygischen Zeus *Βαγαῖος* (*φαγεῖν:φηγός* = Baum mit eßbarer Frucht s. Schrader 117), ebenso der des dodoneischen Zeus *φηγοναῖς*, (seine Stimme erschallt *ἐκ δρυός ὑψικόμοιο*, Odyssee XIX, 297); dort beginnt auch die Entwickelung des Gottheit-Tempels (Schrader 858); dort ist auch der germanische Kultwald zu suchen (=Loh s. Verf. Baumkult 53 ff.).

Eßbare Früchte haben auch die Zirbelkiefer (Pinus cembra)

der Alpen und die (südliche) Pinie (Pinus pinea L.). Nuclei pinei waren früher offizinell, aber nur durch den Einfluß der Antike, in der die südliche Pinie beim Äskulap- und Bacchuskulte die Rolle eines Opferbaumes hatte. Liber Bacchus galt als Konservator vitae humanae und auch als Arztgott (Vink 17, 18); seine pflanzliche Heilkraft hatte er vom griechischen thrakischen Dionysos übernommen „*τῶν ἀκροδρύων καὶ ὅλως τῶν φυτευτικῶν ἡ δύναμις Διόνυσος ὀνομάζεται*“ = fructuum et in summa plantarum omnium virtus Bacchus vocatur“ (Porphyrius apud Eusebium III, De Praepar. Evang. Reiff II, 381). Wie die Granatäpfel ein Totenopfer waren (Rohde [2], I, 241), so waren auch bei den Griechen und Römern nach primitivem Ritus die Pinienzapfen ein solches; unter Pinien, geschmückt mit allerlei Opfergeräten und durch Opferstier und Widder als Opferbaum gekennzeichnet (s. Vergleichende Volksmedizin, I. 13, 55), fanden Opferhandlungen zu Heilzwecken statt. Das Pinienopfer als Körneropfer spricht für ein besonders hohes Alter dieses Ritus, da man den Göttern gewiß nur genießbare Früchte opferte, und Pinienkörner führt Celsus öfters als Nahrung an, II, 22, 24, 26, 31. Sogar der paradiesische Lebensbaum, dessen Fruchtgenuß göttergleich machte und ewiges Leben gab, wird von manchen nicht mehr als Apfelbaum, sondern als Pinienart gedeutet. Im griechisch-ägyptischen Totenopfer ist der Pinienzapfen (Körnerfrucht) in Gräbern als Totenspeise nachweisbar (Schreiber 232, 249); dann muß auch der Pinienzapfen bzw. der *κόκκος στρόβιλου* als Medikament so gut wie der Granatapfel und die Eichel verwendet worden sein. Die Kommunio mit dem alten Gottheitsopfer — und als solches konnte nur eine ehemals genossene Frucht in diesem Falle verwendet worden sein — verschaffte dann dem nucleus pineus den Heilwert. Dioskurides (I, 88), Celsus (IV, 14), Hippokrates, Oribasius, Aëtius usw. erwähnen die Verwendung der Pinienzapfenkörner als Mittel gegen alten, auszehrenden Husten. In einer Äskulap-Inschrift aus Rom aus der Zeit des Kaisers Antoninus (138—161 n. Chr.) wird diese Verwendung der Pinienkörner als Kommunio an dem alten Gottheitsopfer direkt bezeugt: „*αἷμα ἀναφέροντι Ἰουλιανῷ ἀφηλπισμένῳ ὑπὸ πάντος ἀνθρώπου ἐχρησμάτισεν ὁ θεὸς: ἐλθεῖν καὶ ἐκ τοῦ τριβώμου ἆραι κόκκους στροβίλου καὶ φαγεῖν μετά μελίτος ἐπὶ τρεῖς ἡμέρας. καὶ ἐσώθη καὶ ἔλθων δημοσίᾳ ηὐχαρίσησεν ἔμπροσθεν τοῦ δήμου*“ (Hundertmark 48). Juliano cuidam sanguinem ejicenti et ab omnibus hominibus desperato, Aesculapius Deus oraculum consilium dedit, ut ad aram accedens sumtas inde nuces pineas cum melle tres dies comederet. Et recepta valet udine gratias egit populo praesente (l. c. 56, Vink 96).

Einen deutlicheren Beweis für die Abstammung dieses vegetabilischen Heilmittels aus der Communio mit dem eßbaren Gottheitsopfer kann man nicht verlangen. Dioskurides I, 88 sagt: „die ganzen Zapfen (*στρόβιλοι*), frisch von den Bäumen zerquetscht und in süßem Wein gekocht, sind ein gutes Mittel gegen veralteten Husten und Schwindsucht, wenn der Trank aus ihnen in der Gabe von 3 Bechern jeden Tag genommen wird.“ Die Ähnlichkeit der Verordnung ist offenbar, wenn auch hier die frischen Zapfen an die Stelle der Körner getreten sind. Schröder (S. 1016) sagt 1686: „Die Pinienkerne werden meistens gebraucht in der Lungensucht, weil sie wohl nähren“; die allermeisten volksmedizinischen, vegetabilischen Lungensucht-Mittel sind eigentlich nur nährende Mittel, die aus Tradition und durch den Kült ihre Rolle als solche Nährpflanzen fortfristeten. Ihr Genuß setzte natürlich auch ein gutes Gebiß voraus, darum ist es gewiß nicht auffällig, wenn unter Verwechslung von Bedingung und Wirkung die Volksmedizin die Koniferenfrüchte als Zähneerhaltungsmittel empfahl „Käupech“ (Z. d. V. f. V. K. 1901, S. 54).

Nach Herodot IV, 109 nährten sich die (slawischen?) Budinen von den Früchten der Zirbelnuß (*πίτυς φθειροφόρος* richtiger *φθειροποιός* als Nahrung der ärmeren Leute). Daß primitive Nahrung Läuse mache, findet man auch im deutschen Volksglauben. „*φθειροτραγέουσι*“ lautet der Ausdruck bei Herodot; der damit sicher nur das ihm auffällige Verzehren der primitiven Körnerfrucht meinen konnte (Schrader 583).

Die einzigen Koniferenfrüchte, welche in Deutschland eßbare Früchte haben, sind diese früher ebenfalls offizinellen Nuclei Cembrae, die ihres Wohlgeschmackes wegen auch als Leckerei für Gebäcke und Mehlspeisen Verwendung finden und auf süddeutschen Obstmärkten auch verkauft werden. Die Italiener suchen die Arvennüsse in den Südalpen auf (Hegi, Illustr. Flora); ihre Samenmilch gilt als Mittel gegen Abzehrung (Vgl. V. M. II, 63). In Bayern machte man aus denselben den Arvennußsaft, der den Namen „Zirbitzer" trug und volksmedizinisch verwendet wurde (Schmeller II, 1149), jedenfalls wegen des Nahrungswertes und in Nachahmung des antiken Pinienkörner-Gebrauches. Die jungen Sprößlinge der Zirbe mit Wasser gekocht, verwendete man gegen Skorbut, das Zirbelöl gegen Auszehrung (wie die Eichel und Büchel), die Zirbelnüße in Geismilch gekocht und mit dieser verzehrt gegen Harnverhaltung (Zschokke, Alpenwald 157).

Die Föhre war ehemals = Eiche (= quercus, norweg. qrku, ahd. vereheih; longob. fereha = æsculus [aeg-sculus] Kluge [6], 120) d. h. von dem Begriffe des Speisebaumes (Laubbaumes) trennte sich später die Föhre als Nadelbaum ab.

Die Tanne bedeutete ebenfalls ahd. tanna = Tanne, Eiche, Föhre, (Tannin), Wald, Steinmayer III, 651, Kluge [6], 389, Heyne D. H. A. II, 147, Hoops 116.

Über die volksmedizinische Verwendung der Fichte s. des Verf. Baum- und Waldkult 160ff.; sie beschränkt sich bei diesen Nadelbäumen ohne Früchte fast nur auf das abtränende Harz oder Pech (ersteres Wort ist deutsch, nicht germanisch; letzteres ist erst durch die Romanen im 7. Jahrhundert ins Germanische eingedrungen), außerdem auf die Tannenmistel s. u. (Kluge [6], 163, 292).

Der **Kranewit**-Baum (ahd. kranawitu; mdh. kranewite) hat seinen Namen (= Kranichholz) vom Vogel Kranich, einer der wenigen Vögel, in deren Bezeichnung mehrere indogermanische Stämme übereinstimmen (Kluge [6], 224); welcher Vogel bei den Südgermanen als „Kranich" bezeichnet wurde, ist nicht bestimmt; der Krammetsvogel hat selbst seinen Namen erst vom älteren Kranichholz erhalten. Da, wo man vom Kranewit (Krammet)-Holz spricht, gibt es keine Kraniche, und wo es Kraniche gibt (östlich der Elbe), gibt es nur Wacholder (Juniperus communis) oder Reckholder (aleman.) Der immergrüne Strauch, der sehr alt werden kann und auch „Quëckolter" heißt, spielt dieselbe Rolle als Lebensbaum (german. qiqa = queck, lebendig, ags. quic-beam = Juniperus), Lebensrute, Kraftsymbol und Apotropäon wie der Weißdorn; er ist als Juveni-perus, das Kinder durch die Berührung mit der Lebensrute erzeugende, römische Fruchtbarkeitssymbol, an dessen Stelle im christlichen

Volksgebrauche der südliche Rosmarin trat; er wird als Frau Kranewit wie ein Fruchtbarkeitsgeist angesprochen (A. f. R. W. 1899, II, 18) und dient im Norden zum „Kälberquicken" im Mai; er ist ein Feuerbaum, wie die Esche, sein Holz erhält sich unter der Asche des Herdes fortglimmend, war also für die Feuerunterhaltung im primitiven Holzhause von großer Wichtigkeit; dieser „Feuerbaum" war seuchenvertreibendes Mittel, wie das Feuer überhaupt (Lorenz Fries, Spiegel der Gesundheit; Laistner, Rätsel der Sphinx II, 280). Verfasser verweist hierbei auf seinen Baum- und Waldkult, S. 109—115, möchte aber noch ergänzend hinzufügen, daß, wer in Tirol am bösen „Wehtig" (s. K. N. B., S. 926) (= Schmerz) erkrankt, ein Kranewitstäudle in den Mund nehmen soll, es hat noch jedem geholfen (Inntal) (Heyl 795). Nach Konrad von Megenberg hilft schon das Schlafen im Schatten unterm Kranewitbaum für Müdigkeit der Glieder, ähnlich wie der Lindenschatten. In der mittelalterlichen deutschen Volksmedizin vertritt der Wacholder oder Kranewit die südliche Zeder (Jûniperus Oxycedrus L., Pinus cedrus L.; über letztere siehe Organotherapie s. v. Zeder und Kranewit), das Quecksilber und das Guajak (Dr. Hauffe).

In die nordische Volksmedizin drang dieser Jûniperus der Alten als „enebär" (Wurmmittel, Geschwürsmittel) ein (Fonahn 27); auch bei den alten Griechen war der Wacholder (*ἄρκευθος* = der hilfreiche, abwehrende Zypressenwachholder) ein immer grüner Lebensbaum (*ἀκάταλις* = unaufhörlich, *ἀκατάλυτος*, *ἀκατάληκτος*) dessen Beeren bei Hippokrates als gynäkologisches Mittel (Fuchs, III, 350, 373, 472) und dessen unaufhörlich glimmende Holzglut auch beim Räucher- und Brandopfer Verwendung fanden, daher das Wachholderholz mit Schweinsleber verbrannt gegen Genitalgeschwüre von Plinius empfohlen war (Organotherapie 174). Der Kultritus bemächtigte sich des Wacholders und erhielt ihn dem Volksbrauche (Janus 1905, 584). Unter den „gewissen Hölzern", welche Tazitus in seiner Germania die Germanen beim Verbrennen der Leichen und Opfertiere benutzen ließ, war sehr wahrscheinlich auch der Wacholder, dessen Asche auch vielfach gebraucht wird. Die Rolle, die der Wacholder als Lebensbaum spielt, ist vermutlich eine spätere (wie auch bei der Weide); er wurde zum Sitze eines elbischen Vegetationsdämons, wie jedes lebensfrische oder immergrüne Kraut.

1661 wurde zur Entzauberung von Krankheiten von Hexen in Steiermark geraten, ein Bad zu machen und dazu die Badsteine (zum Erwärmen des Badewassers) mit Kranewitholz, das „vor sich selbsten verdorben" war, zu erhitzen (Z. d. V. f. V. K. 1897, S. 191). Das zauberhafte innere Lebensfeuer wirkte dann als Gegenzauber, wie das Eschenholz. Die Unsicherheit der Feuererzeugung war, wie der Hunger und Durst die Veranlassung, daß man die vorhandene Wasserquelle und Nahrungsbäume ebenso wie die Feuerunterhaltung unter den Schutz einer Gottheit stellte. Das stets lebendig gedachte Feuer war im Eschenbaum wie im Wacholder verkörpert („Feuerbaum").

Schröder 953 schrieb: „Das Holtz riechet wohl (besonders wo mans im Mertzen hauet), dahero gebrauchet man dessen Spähn in denen Häublein, dann sie stärcken das Haupt und die Nerven." Solche volksmedizinische Einverleibungen in Kleider sind wie Amulette oder Talismane gegen Pestseuchen. Der Roob Jûniperi war „der deutsche Theriak" (1685), der für alles helfen sollte. Die Wacholderräucherung stammt wohl aus dem Brandopfer-Ritus*); der Wacholderbeerenrauch war noch lange ein Antimiasmatikon (sog. Glütel) in den Pest- und Lepra-Spitälern.

Auffällig ist, daß der Baumnamen in den Niederlanden („jeneverboom"), in Mecklenburg („enbeerenbom" mnd.), in Dänemark („enebœr"), in Schweden („en" „enen = joini", Schrader 926), Norwegen („enebœr") altnord. einir nur als Jûniperus (genever) eindrang, so daß man hier an Einfluß der literarischen Antike denken muß, der durch medizinische Kräuterbücher vermittelt worden sein dürfte; auch der Mohn erhielt bei den Angelsachsen einen lateinischen Namen.

Die meisten der von den Pfahlbauleuten der jüngeren Steinzeit genossenen Früchte sind von den wilden Bäumen und Sträuchern gesammelt, „eingetragen" worden, so die Holzäpfel,

*) Im 11. Jahrhundert ist das Verbrennen von Getreidekörnern in den Totenstuben bezeugt, um die Totengeister durch den Geruch der Speiseopfergaben zu versöhnen.

4*

Birne, Süßkirsche, Schlehe, Traubenkirsche (Else), Mehlbeerbaum, Himbeere, Brombeere, Erdbeere, Heidelbeere, Hagebutte, Holunder, Haselnüsse, Buchecker, Eicheln und Wassernüsse, von denen manche in Unmengen aufgehäuft lagen (Hoops 299).

Die eigentlichen Lebensbäume spendeten dem primitiven Menschen Nahrung und Obdach (Schutz vor Unwetter und wilden Tieren).

Echt germanisch ist auch die **Hasel** (ahd. hasala, gem. germ. hasla, vorgerm. kóslo, lat. corulus, ags. hœsel (Kluge [6], 164), über welche der Altmeister und Bahnbrecher in der Volkskunde, Weinhold in der Z. d. V. f. V. K. 1901, S. 1ff. eingehend und mustergiltig berichtet hatte. Wir müssen aus dieser lehrreichen Abhandlung hervorheben, daß die Haselstaude vor allem ein Fruchtbaum ist, dessen eßbare Früchte auch geopfert wurden; das Haslach schloß das Gehege der menschlichen Siedelungen ab, wie der Weißdorn („Hage-Nuß", daher in der Schweiz genannt). Der Haselzweig wurde zum Symbol des Schutzes vor Blitz, Feuer, Schlangen, Dämonen, wilden Tieren, Krankheiten und Zauber (ebenso die übrigen Hagepflanzen). Die ernährende Haselnuß wurde wie andere Baumfrüchte zum Kraftmittel, das Fruchtbarkeit und Potenz verlieh. Durch den Kult wurde der einjährige Frühlingssproß zur zauberhaften Wünschelrute, deren Literatur ins Endlose reicht; sie hatte wahrsagende Kraft wie der Lindenbast und die Hollerrinde. Ihre volksmedizinische Verwendung haben wir schon in unserem Baum- und Waldkult 147—151 eingehend besprochen, doch müssen wir auch hier wieder Ergänzungen anfügen.

Die ölreichen Früchte der Haselstaude waren schon eine Kost des Pfahlbauern der jüngeren Steinzeit (Hoops 86, 285, 299) und seit dieser Zeit ein beliebtes Nahrungsmittel (l. c. 554). Als solche Nahrung erhielt auch der Tote die Haselnüsse mit ins Grab. In Harthausen (Elsaß) hatte ein Häuptling, dessen Grab man aufdeckte, eine große Kupferplatte mit gut erhaltenen Haselnüssen bedeckt, auf der Brust und zwei Haselnüsse zwischen den Zähnen eingepreßt (Mones Anz. f. Kunde d. Vorz. 1872, S. 301, Illustr. Z. 1872, N. 1528), ein Beweis dafür, daß die Haselnuß als eßbare Frucht der Urzeit sehr wohl in Betracht kommt, die dem Menschen mindestens ebenso gut schmeckte wie die Schlêhe, die man ebenfalls in Pfahlbauten als Nahrung des Menschen fand. Man legte die Haselnuß auch in hölzernen Gefäßen dem Toten in den Baumsarg (Nürnberger Korrespondent 1896, 96). Das Totenopfer wurde zum Opfer an die chthonischen Gottheiten, meist in Verbindung mit Honig.

Als Nahrung des Menschen wurde die Nuß wie die Eichel auch eine Götterspeise (s. Eichel). Berendes 143 verweist dabei auf Macrobius Saturnal. II, 14. Die Nüsse in Teigform sind eine häufige Kultspeise; auch die griechischen Verwandlungssagen (Karyatiden = Verwandlungen der tanzenden Jungfrauen in Nüsse) erweisen die innige Verbindung zwischen dem Kult und dem Nußbaum (Nilsson 197), dessen Früchte als Heilmittel galten.

Haselnüsse mit Honig sind eine von Celsus III, 4 empfohlene Nahrung bei auszehrenden Eiterungen; auch Dioskurides I, 179 erwähnt sie mit Honigmet getrunken als Mittel gegen veralteten Husten (Schwindsucht). Die Nahrungsmittel sind auch Fruchtbarkeitsmittel; die Artemis karyatis war bei den Griechen eine Fruchtbarkeitsgöttin (Nilsson 196). Eine in späte Zeiten zurückreichende Volkssage auf Island erzählt, daß eine kinderlose Herzogin im Nußwald (auf Island gibt es nicht einmal die Haselnuß) spazieren ging, da begegneten ihr drei Nornen und versprachen ihr ein Kind (Maurer, Isländ. Volkssagen 284), eine Sage, die aus der Zeit vor der Einwanderung stammen muß. Als solcher Fruchtbaum hilft die Hasel auch für Milchreichtum und gegen Milchzauber und gegen sonstige Beschwerden. Ein Kind, welches während des Karfreitagsläutens (das es in katholischen Ländern nicht gibt) unter einem Nußbaum zum letztenmal die Mutterbrust bekam, leidet nie an Zahnschmerzen (Kronfeld 145); solche Mittel der Haselnußstauden gegen Milchzauber erwähnen Zahler 116, 118, Manhardt, W. F. K. I, 272. Haselnußzäpfchen gedörrt und gepulvert gab man im Isartal auf gesalzenem Brot der Milchkuh, wenn sie ihre Milch verlieren wollte. Haselzweige vertreiben die Fieberdämonen (Z. d. V. f. V. K. 1601, S. 9). Im Frauendreißiger geweihter Haselzweig löscht das sog. Wildfeuer (Blitz- und Rotlauf) (Meyer, B. V. L. 106). Drei Haselruten, die durch einen Zaunring gewachsen sind (also noch die apotropäische Kraft des Zaungeheges oder Hagedorns in sich haben), dienen gegen Milchzauber und anderen schädlichen Stallzauber (Zahler 118). Haselnuß, altnorw. hesle-wandh, hilft gegen den parasitären Ringwurm (Fonahn 29). Die Haselmistel ist die beste Abwehr gegen Epilepsie, Brand, Unfruchtbarkeit (Kronfeld 19), (s. unter Mistel). Haselnüsse mit Honigmischtrank, eine echte griechische Götterspeise, empfahl auch schon Hippokrates (de morbis III c. XI) als Mittel gegen Gelbsucht.

Nach Weinhold (Z. d. V. f. V. K. 1901, 1ff.) stehen auf einem Grabsteine in altschwedischer Runenschrift die Worte: ynd góanar hǫsli, die zu den Worten und jarđar hǫslu in einem isländischen Skaldengedichte stimmen; d. h. auch hier steht an Stelle der vom Dichter freigewählten Esche (= Weltesche) die Hasel als Weltbaum, obwohl es in Island keine Haselstauden gibt (Weinhold, S. Bugge); der Schlag mit der Rute auch dieses Lebensbaumes macht fruchtbar, zeugungsfähig und milchreich. In den Schweizer Urkantonen glaubt man, wenn ein Kranker für sein Weh in die Kapelle von Bertsschwil wallfahrtet und dort einen Haselzweig opfert (Zweig an Stelle der Frucht, wie bei der Eiche s. o.), so wird er geheilt (Lütolf 255); das Opfer der Haselfrucht gibt dann die Gesundheit. Als Frucht und Lebensbaum ist die Haselstaude der Wohnsitz der Frau Hasel oder des Haselnußfräule (Scheible IX, 898), welche in den Haselruten beschworen wird (Schönbach 146); das Haselnußöl ist verwendet zur Salbe, um bei schwerer Geburt (Schröder 890, 887) Hexenzauber fern zu halten.

Die Haselrinde (im ahd. Mönchslatein rinda haselis, Steinmayer ahd. Gl. IV, 455) tritt ebenfalls in alten Rezepten auf. Die unter der Hasel wachsende, nach Gewürznelken duftende Haselwurz (= Asarum europaeum L., ags. haselwyrt) ist erst durch den Einfluß der antiken Schriftsteller (Hippokrates usw.) zur Verwendung in der späteren deutschen Volksmedizin gelangt als Brechmittel und Abortivum oder Antikonzeptionsmittel (Schw. A. f. V. K. 1903, 144).

Die ahd. Glossen geben für haselwurz die latein. Lemmata: Aizon (immerlebende Hauswurz, Sempervivum tectorum), Vulgamen, Vulgago (= pro vulva D. II, 387, „Bauernarde“, Asarum, Organotherapie 41), Auancia

(= Geum urbanum L.). Bei Verona in Italien heißt sie (nach Berendes 33) Baccara (mlat. asara = baccara, Steinmayer III, 533; herba fascinum pellens; 1502 laerkruyt D. I, 64, II, 45); also eine bereits in antiker Zeit benützte Pflanze, die sehr vulgär gewesen sein muß.

Am Schluß der germanischen Heilbäume wollen wir hier den getreuen Genossen derselben anführen, den **Efeu** oder richtiger Ep-Heu, der ebenfalls schon in germanischen Zeiten diesen Namen führte: *κιωτός* (= an Säulen wachsend), *κισσός κιζζός*[*κιϑjο-ς*]*) ciccus, cisser, hedera nigra, ags. ifig, ifhey, engl. ivy, ahd. ëbahewi, ëbhowi, ëbawi (Steinmayer, ahd. Gl. III, 592), norweg. eføi (aus dem Deutschen) sonst Bergflette (Bergflechte) genannt, ndl. eiloof (= Ewiglaub), mhd. 12. Jahrhundert Ebich Ewig (Physica Hildegardts), oberbayer. Ewer, Ew-Baum, (15. Jahrhundert) ibenloub.

Der Unsterblichkeitsglaube haftet an diesem immergrünen Ewig-Laub und Wintergrün (auch dänisch: vintergrøn), es ist die alle Bäume liebend umfangende Waldmutter (Silva mater, Dioskurides II, 210); ihre Blätter und ihr Holz hatten nach dem Volksglauben die Wirkung, das Leben zu verlängern und den Siechen neue Lebenskräfte zu geben (1685). „Aus dem Epheuholz lasset man Becher drexlen, die, wann die Lungensüchtigen daraus trinken, sehr gut seyn sollen“ (Schröder 939); wie ein Lebensbaum mit stets frischer Vegetationskraft sollte er diese durch sein Holz dem Kranken mitteilen. Kleine erbsengroße Kugeln aus Efeuholz legte man in die Fontanellwunden, um neue Lebenskraft einzupfropfen; auf die Fontanelle und Impfwunden legte man Efeublätter; Löffel aus Efeuholz sollten im Mittelalter gegen Schlund- und Halskrankheiten helfen. Hippokrates (A. Fuchs III, 372, 384, 385) empfahl den Efeu als Gebärmutterkräftigungs- und Reinigungsmittel.

Als immergrünes Ewiglaub war er wie jeder echte Lebensbaum ein Gegenmittel gegen Gifte, und namentlich bei den Griechen ein solches gegen die bacchantische Alkoholvergiftung. Des Efeus Beziehungen zum Kulte des griechischen Dionysos oder römischen Bacchus sind bekannt (Rohde II, 10; Dioskurides

*) Dazu das Collyrium *δια κισσοῦ* oder Diacisias der römisch-griechischen Augenärzte, das bei Blenorrhoea der Augenlider Verwendung fand.

II, 216). „Bacchum non ea tantum ratione medicum esse habitum, quod vinum invenit medicamentum validissimum et suavissimum, sed quod hederam quoque facultate suo vino maxime resistentem in honore habendam esse docuit eaque bacchantes coronavit ut minus a vino laederentur hedera suo frigore ebrietatem restringente“ (Plutarch, Sympos. II, nach Athenaeus XV c. 5). Bacchus-Dionysos gebrauchte als Arzt der Urzeiten („fructuum et in summa plantarum omnium virtus Bacchus vocatur“, Reiff II, 381) den ewigfrischen Efeu, daher wurde dieser auch „Dionysios“ genannt; aber auch die chthonischen Tierwesen (s. Organotherapie, S. 23) benutzten solche uralte vegetabilische Heilmittel, so der Eber den Efeu: „apri hederam medicinam monstraverunt“ (Vink 49).

So sehr beherrschte der Unsterblichkeitsglaube, symbolisiert in dem immergrünen Ewiglaube, das Römervolk, daß selbst die römisch-katholische Kirche den Efeu als Symbol der Unsterblichkeit in ihren Gräberkult aufnahm. Die Bekränzung der Thyrsosstäbe der thrakischen Mänaden und lebenstollen Bacchanten und der schwärmenden Poëten (Hedera poëtarum, Poietika) wurde zum Todessymbol der späteren christlichen Zeit; das deutsche Volk benutzte ihn aber noch zum Laubkleide des Vegetationsgeistes, wie er bei Frühlingsfesten des Volkes üblich war (Manhardt, W. F. K. 322, 422, 434 usw.).

Der antike Glaube an die das Gehirn kühlende, reinigende und antialkoholische Wirkung des Efeus erhielt sich noch bis ins tiefe Mittelalter hinein. Celsus (V, 28, N. 4) verwendete den schwarzen Efeu innerlich als kühlendes und unterdrückendes (Resistenz) Mittel auch gegen das Fortkriechen des heiligen Feuers (Gesichtserysipel, Phlegmone, Eczema acutum usw.), auch Dioskurides II, 210 führt viele Verwendungen desselben an. Ein altes Kräuterbuch des 12. Jahrhunderts schreibt daher: „wem das haupt we tut, so geb in epawm, der auf der Erd lig und sewd den vil vast in wasser und pad das haupt damit“ (Schmeller I, 8, Hedera terrestris? s. u. Gundrade). Die Purgierwirkung der Efeubeeren, die auch Schröder 938 erwähnt und nach Frieboes 604 bei Kindern konstatiert ist: „Die Beer purgieren unten und oben, dahero der gemeine Mann selbe in Fiebern gebraucht“, benützte man auch zur Reinigung der Milz (über den früheren

Begriff der Milz als Verdauungseingeweide s. Organotherapie 262ff.); daher hieß der Efeu auch: „Asplenos“ bei den Griechen, d. h. als Mittel, das die Milz- (Eingeweide) Beschwerden mildern sollte; dabei war Brot das Vehikel.

Die jungen Blütenknospen, die Quintessenz der ewigen Lebenskraft, sollten mit Honig bestrichen den weiblichen Unterleib reinigen. Schröder 938 schreibt: „Eußerlich tauget das Kraut (Hedera arborea, Epheu) in denen Achoribus (= ahd. gund), welche es tröknet und heilet in Fontanellen, damit sie sich nicht entzünden (man leget täglich ein Blatt darauff), in dem Nasen-Geschwär, Ohrenweh“, diesbezüglich stimmt der Efeu mit der Gunderebe (s. u.) überein. Aus dem heutigen wissenschaftlichen Arzeneischatze ist der Efeu ganz verschwunden.

An die Stelle der eßbaren Körnerfrüchte tragenden Bäume traten mit der Zunahme der Kultur die kultivierten Obstbäume, deren Namen aus der übernommenen Praxis stammt, die fleischigen Früchte über dem häuslichen Herdfeuer auf der Dörre (Hürde) zu trocknen und dann als ob-az (= Zukost, Obs. Obst ags. of-et, mhd. obez, Heyne D. H. A. II, 10, 84) zu genießen. An ihnen blieb der von den älteren Nährbäumen abstammende traditionelle Nähr- und Heilglauben haften, namentlich seit der mit den Christentum einziehenden höheren Kultur überhaupt. Bezeichnend für den Übergang des Wirksamkeitsglaubens von dem nährenden Fruchtbäumen auf die leckeren Obstbäume ist der Gebrauch der sog. Obstkuren gerade von einer Obstsorte bei Auszehrenden und Schwindenden usw.

Daß die Germanen auch die Beeren gewisser Sträucher benützten als Zukost, dürfen wir als sicher annehmen; schon die Beeren des Holders waren ihnen eine Nahrung; Waldbeeren ersetzten im 11. Jahrhundert im Notfalle das frische Obst; das „Beerenobst“ war gewiß schon in germanischen Zeiten allgemein verwendet, es war aber auch eine Opfergabe an die Waldgeister; das Beerensuchen ist noch heute das harmloseste Volksrecht. Holler-, Weißdorn-, Heide- und Schlehendornbeeren sind die eigentlichen vom germanischen Volke verwendeten medizinischen Beeren.

Die **Himbeere** (adh. hintberi, hundisberi, ags. hindberie = fraga (Frucht), obet (Obst), Kluge [6], 175, D. I 120) findet sich allerdings schon in den Schweizer Pfahlbauten; Dioskurides benannte den Dornstrauch *„ἰδαῖα βάτος“*, da er auf dem griechischen Hochgebirge des Ida wächst; in ahd. Zeit tritt die Himbeere auch als mlat. Diauatus (= *διὰ βάτον*) auf (Steinmayer IV, 362), Brombeere und Himbeere (= Hintbeere) verwechselten die Übersetzer der antiken Schriftsteller sehr leicht, auch die Franzosen verwechselten die Brombeere (= framboise) mit der Erdbeere; daher auch die zahlreichen landschaftlich so wechselnden deutschen Bezeichnungen der Beerenarten überhaupt*), die nur nach ihrem Nutzen oder Schaden eingeschätzt wurden. Sehr wahrscheinlich ist Hintbeere = Hintlaufbeere, die da wächst, wo nur noch der Hundelauf möglich, aber dem Menschen der Weg versperrt ist wegen der dornigen Zweige, eine Übersetzung des griech. *κυνόςβάτος* = Hintlauf, Hundgang, womit alle Dornstrauchbeeren bezeichnet wurden (Brombeere, Himbeere, Hagebutte D. I. 120). Dioskurides I, 123 verstand darunter die Rosa canina, trennte (IV, 38) die *ἰδαῖα βάτος* (Himbeere) und bezeichnete die Brambeere einfach als *βάτος*, mit der Bemerkung, daß „die Batos, welche wir kennen, einige Kynosbatos nennen“ (IV, 37); man sieht also die große Tendenz zu Verwechselungen dieser Beeren auch im Altgriechischen. Eigentlich volksmedizinisch wird die Himbeere in Deutschland nicht verwendet; die sog. „Impersulze“ ist eine Nachahmung des offizinellen Sirupus Rub. Id. der Apotheken; Namen, welche auf volksmedizinische Verwendungen hinweisen, trägt die Himbeere, auch „Mollbeere“ genannt, nicht. In der nordischen Volksmedizin fehlt sie ebenfalls, soweit Verfasser dies ausfindig machen konnte. Auch ist der Name „Himbeere“ nicht eigentlich volkstümlich, mehr durch die Schule verbreitet.

Die **Bram(Brom)-Beere** (Rubus brama s. fruticosus) ist zwar auch westgermanischen Alters wie die Himbeere, doch in ihrer ganzen Verwendungsart weit altertümlicher als diese (ahd. brâm-beri, ags. brœmel-berie; franz. framboise, dän. bram-bœr, schwed. brombär, zu german. brama, ahd. brâmo = hervorstehender

*) Man vergleiche die Verwechselungen der mora, fraga, rubus, vaccinium im Mittellatein (D. I, II).

Dornstrauch). Schon die alten Ägypter nannten den blutroten Beerensaft Titanenblut, Ibisblut (Organotherapie 17, 18), die Griechen hießen die Pflanze, wie schon erwähnt: βάτος (= κυνός βάτος), die Römer Lentis, Lentes (= Dornstrauch) auch: Rubus (= rotbeeriger Dornstrauch), Mora vaticana (schwarze Maulbeeren ähnliche Staude auf dem sterilen Boden des Vatikans), (Berendes 384, D. I, 367, auch Mora bati, 13. Jahrh., Kluges Zeitschr. III, 354, vepris D. I, 611). Nach dem Vorbilde von Dioskurides IV, 37 werden in der deutschen und flämischen Volksmedizin die Blätter, Wurzeln und Früchte (Mora Rubi) als Mittel gegen den Kinder-Soor (Kurfass s. K. N. B. 164), Diarrhoen, Brustverschleimung benutzt (De Cock 75, 148, 185, 186); (1685) „etliche halten das Pulver der Würmer in denen Brombeeren vor ein Mittel wider die schwere Noth" (Schröder 1044); vermutlich durch den Einfluß der ägyptisch-griechischen Hermeneutik, wonach der blutigrote Brombeerensaft Titanenblut bedeutete, welches die elbischen Krankheitsdämonen der Epilepsie beschwichtigen sollte (vgl. Organotherapie 17, 18), wobei die Made im Titanenblute vielleicht als eine Verkörperung des Gegendämons galt; vielleicht liegt auch eine Verwechslung mit dem Rosendornapfel (Larven von Rhodites rosae L.) vor, der als abnorme Bildung durch Einwirkung von Maren in Larvengestalt zauberhafte Kräfte hat.

Auch gegen pestartige Seuchen (Ruhr?) benutzte man in Oberbayern die Brombeerblätter, die adstringierend wirken (Rubus tomentosus), nach dem Vorbilde von Dioskurides (l. c.) und Hippokrates, der ihn auf Wunden legte und die Gebärmutter damit ausspülen ließ (Fuchs III, 384).

Die mittelalterliche nordische Volksmedizin verwendete auch diese Beeren anscheinend ebenso selten wie die Himbeere. Der deutsche Volksaberglaube, der sich an die Brombeere knüpft, ist vielleicht durch Übertragung von anderen stacheligen Dornsträuchen erklärlich. Durch einen Kranz von Brombeerwurzeln kann man in Oldenhurg Hexen erkennen (Wuttke [3], 124, 375); schon die Dakier nannten die Brombeere „Manteia" (Zauberpflanze) (Dioskurides IV, 37), auf Brombeersträuchern ruhen die „Walridersken" (Oldenburg) (elbische Nachtgeister) aus, wie die

Maren (s. Distel) (Wuttke [3], 403). Man scheint aus dem Saftreichtum der Wurzeln und aus der Fruchtfülle des Brombeerstrauches auf ein fruchtbares Jahr geschlossen zu haben, wie bei der Schlehe und anderen Fruchtbäumen, deren Gedeihen von der Gunst der Geister und Fruchtbarkeitsmächte abhängig war.

Himbeere und Brombeere scheinen als Heilmittel nur durch den Einfluß schriftgelehrter Mönche ins Volk gedrungen zu sein; beide wurden zwar in den steinzeitlichen Pfahlbauten schon gefunden (Schrader 64).

Weit mehr Verwendung in der germanischen Volksmedizin erfährt die **Heidelbeere**, die ebenfalls westgermanischen Alters ist (ahd. heidberi, ags. hǣd-berie), und im germanischen Norden bølle-bœr (= kleinballige Beere, isländ. aðal-blá-ber) heißt; diese auf unbebautem, wild bewachsenem Lande gedeihenden Krautbeeren (Myrtilli germanici, Vaccinicum Myrtillus L.) sind die Stellvertreter der südlichen Myrtenbeeren (Myrti baccae); die Römer und Griechen hatten keine Heidelbeeren (Vaccinium).

„Die Abkochung der roten Heidelbeere (Vaccinium Vitis Idaea)-Blätter mit Bier tauget in der Lungensucht sehr wohl“ (Schröder 987).

Wie es einen Myrtenwein bei den Alten gab (Dioskurides V, 36, 37), so gibt es auch einen Heidelbeerwein, weshalb die Heidelbeere auch „Mostbeere“ heißt; sie ist die Traube des Nordländers, die sowohl roh als gekocht als Allheilmittel, namentlich beim Tiroler Volke gilt; sie soll kühlend und blutreinigend wirken, namentlich als sog. Granten-Wasser*). In Bozen wurde dies seinerzeit zur Weinbereitung verwendet (v. Dalla Torre 71), auch in der Schweiz ist die heitberry-Studen ein Universalmittel gegen allerlei Viehkrankheiten (Zahler 87). Seine Namen deuten auf die Verwendung der Pflanze gegen Tenesmus ani et vulvae: „Pumpl-Trank“, „Zwängerlein“ (Afterzwang usw.) und gegen chronische Darmflüsse: „Miesichbeere“, „St. Jakobsbeere“ (St. Jakob ist Flußpatron) s. Vergl. V. M. II, 133. Die ganze Verwendung

*) Wegen der rauschenden, knirschenden (vorgerm. ghrendh) Blätter werden solche Vaccinien und Rhododendron-Arten auch „Granten“ genannt.

der einheimischen Heidelbeere lehnt sich an die Antike an, welche auch bei anderen Beerenfrüchten das Vorbild gab; doch ist auch zu berücksichtigen, daß die Heidelbeeren im Schwarzwald, Thüringen, Franken, Braunschweig usw. von den Kindern den Waldgeistern geopfert werden (Meyer, B. K. 199, U. Jahn, 207); als solche germanische Opfergabe mußten die Beeren auch Heilwert haben durch den Mitgenuß an der Opferspeise.

Gemeingermanisch ist die bei den alten Griechen unbekannte **Erdbeere** (Fragaria vesca L., *φϱαουλε*, 11. Jahrh.), ahd. ërtberi = fraga, Beere, schwed. jordbär, ags. eorđ-berie (eine Zukost, Obst); „dadurch daß diese Erdbeere ags. geradezu bloß als Frucht, Obst genannt wird, kennzeichnet sich ihre ungemeine Verbreitung sowohl als ihre Beliebtheit", Heyne D. H. A. II, 151. Erdbery-Kraut war im 18. Jahrhundert in der Schweiz auch ein Zusatz zum Wundtrank (Zahler 67).

Erdbeerblätteraufguß verwendeten die mittelalterlichen Krauterer und neuzeitlichen Volksmediziner zu allerlei Gebresten (Gelbsucht, Bluthusten, Weiberfluß, Samenfluß). „Zu denen erfrohrenen Fingern und Zähne ist gleichfalls nichts bessers, als wann man des Sommers die Finger und Zähen mit Erdbeer stetig reibet", Petrus Borellus nach Schröder 922), vgl. des Verfassers Volksmedizin 121. Erdbeeren mit Salz, vier Wochen in einen Hafen unter der Erde vergraben und dann distilliert, sollten ein Mittel fürs Fell in den Augen sein (Manuskript); bei den Slowaken sollen die ersten gefundenen und zerquetschten Erdbeeren auf die Gesichtshaut gestrichen, die Sommersprossen vertreiben (Frühlingskur) (Vergleichende V. Med. I, 125); sie wären also für Winterkälte- und Sommerhitze-Folgen gleich (un)wirksam. Als eßbare Beerenfrucht (Obst) sind die Erdbeeren auch ein Opfer an die Seelengeister im Walde (arme Seelen, h. Maria); beim Pflücken der Erdbeeren dürfen die weggefallenen Beeren nicht mehr aufgeklaubt werden, sie gehören wie abgefallene Brosamen als allgemein beliebtes Obst auch den Seelengeistern (Grohmann 93, Wuttke [3], 298, Z. d. V. f. V. K. 1901, 53), namentlich den saligen Fräulein (Wolf, s. Beiträge II, 280, Jahn, Opfergebr. 206 ff.). Die Kinder, deren Mutter auf Johanni schon Beeren gegessen hat, erhalten keine Erdbeeren, wenn um diese Zeit

Maria die Kinder im Paradiese in die Erdbeeren führt (Wuttke [3], 408), d. h. die Seelengeister erhielten um diese Zeit Beerenopfer; die Vorwegnahme straft sich an deren Kindern durch Ausschluß vom Mitgenusse an der Opferspeise; es sind dies höchst altertümliche (allerdings mit der Zeit verchristlichte) Züge des germanischen Volksglaubens. Die mit Erdbeeren behandelten Krankheiten sind auch hauptsächlich Kinder- und Frauenkrankheiten; auch die Hautverschönerungsmittel spielen unter den altgermanischen Vegetabilien eine große Rolle.

Die Erdbeeren sind ein prähistorischer Fund in den Schweizer Pfahlbauten der Steinzeit. Pflanzennamen, Alter, Volksglaube und Verwendungsart entsprechen bei der Erdbeere der germanischen Kulturperiode. Der therapeutische Grundsatz, rote Beeren gegen rote Krankheiten zu verwenden, hatte sich erst viel später ausgebildet.

Aus der germanischen Kulturperiode stammt auch die Bezeichnung **Elsen***) oder Alah-samo, d. h. Samen an der Opferstätte (Zehetmaier, Analog. Vgl. Etym. 1884, 14); dieses „Alah", ags. ealh, goth. alhs = *ναός*, *ἱερὸν* führt Förstemann I, II, 240 in folgenden Zusammensetzungen auf: Alahtag (alactag), Alahfriede (alahfrid), Alahgarten (alachgart), Alahwich (geweihte Tempelstätte) usw. (Golther 593). Im 4.—5. Jahrhundert nach Ulfilas Gothen-Bibel muß den hochdeutschen Stämmen das Wort Alah schon altväterisch-heidnischen Anklang gehabt haben. Der Alahsamen hätte die meiste Analogie zur lateinischen Verbena = Opferkraut, Altarkraut (herbena) überhaupt (s. Organotherapie, S. 36); doch muß hier betont werden, daß alah-samo urkundlich nicht belegt ist. Auch unter Elsen (= Alahsamen) verstand man (wie unter der Verbena) die verschiedensten Pflanzen:

a) Die schwarze Erlenfrucht (Alnus glutinosa viridis), altnorweg. ale-trä (= elder) = Alahholz (Fonahn 22) ags. alaer, alor an. ölr, goth. alisa; 1517 elsenbaum D. I. 25. Ein Stück dieses Elsenbaumes wird unter Besegnungsformeln in der Weihnacht (= Neujahr) in den Viehbarren gelegt, damit über das Stallvieh keine Fäule kommt; mit diesem Stecken soll man das Vieh im

*) Auch aus Balsam wurde Balsen.

Frühjahre auf die Weide treiben und ihn dann aufbewahren (Losch, Württemberg, Jahrb. 1890/1, 171). Man treibt auch die sog. Schön (= placenta) bei den Kühen durch Erlenrinde aus. (Weiteres s. Verfassers Baum- u. Waldkult, 144 ff.).

Die Erle „Elsenholz" galt früher als ein heiliger Baum und durfte so wenig wie der Holler gehauen werden; die zauberkräftigen Zweige derselben „Elsenruten" sollten um Karfreitag (dies Veneris vor dem jüdischen Neujahr) geschnitten werden; sie vertreiben Maulwürfe (unterirdische Geister) und Fieberdämonen (Wuttke [3], 87, 147, 375), aber auch Gewitter als Erlenzweig-Kranz (l. eod. 448). Im norwegischen Mittelalter sollte die Rinde der Erle gegen Zahnwürmer helfen (Fonahn 22).

Auch in der Erle wohnt die „Erlenfrau" als Vegetationsgeist und das Erlenholz kann Tote lebendig machen (Manhardt, W. F. K. I, 11, 116); aus Erlenholz entstehen Menschen; „er ist beim lieben Gott im Erlenbruch" (Mecklenburg; Tägl. Rundschau 1895, 638) = er ist im Seelenlande; der Unsterblichkeitsglaube und das Fortleben der Seele in Bäumen und Pflanzen ist damit zur Vorstellung auch im germanischen Volksglauben gebracht; die Erle teilt dieses mit jeder anderen frischen Pflanze; jede Pflanze galt ehedem auch bei den Griechen als beseelt: „*πάντα γάρ ἴσθι φρόνησιν ἔχειν καὶ νώματος αἶσαν*"; sie haben Vernunft und Empfindung, wie der Mensch und können auch zur Herberge eines guten, holden oder bösen, unholden Dämons werden; ein Seelengeist wohnt in Mensch, Tier und Pflanze. (Rhode [2], II, 177, 180, 195, 277), auch die Erle blutet und klagt, wenn man sie umhaut, wie ein lebender Mensch (Tägliche Rundschau 1894, Nr. 156, S. 622).

b) Sorbus torminalis, die durch ihren Namen „Darmbeerbom", „Ruhrbirne", „Grimmbeere" ihre Verwendung gegen Bauchweh, Ruhr, Kolik (tormina) bekundet, sie ist wohl auch mit einer Alahbeere verwechselt worden.

c) Prunus Padus, im Mittelalter eine häufige Zauber- oder „Trudenblüte" bzw. Beere; „Darmbeere", „Faulbaum". Die schwarzen Beeren der Traubenkirsche fanden sich schon in den steinzeitlichen Pfahlbauten (Hoops 299), „die einheitlichen Benennungen der Vogelkirsche sind später offenbar durch die römischen Namen der entsprechenden Kultursorten verdrängt worden“ Hoops 257). .Alahsame (Elsen) dürfte der einheimische ältere Namen sein; auch „Egertenholz“, das am Egarten wächst, kommt im Salzburgischen vor.

d) Artemisia Absinthium, Wermut, Wichenkraut, an der Eifel auch „Alsam“ genannt; jedenfalls ist auch hier wie bei den Verwendungen b und c der Einfluß der Antike gegeben.

A. Fonahn in Pharmacia IV, 1907, Nr. 3—6 berichtete eingehend über diese Mal-urt (Molch- o. Wurmwurz); für die Römer war der Wermut an den Latinischen Festen für den Jupiter Latiaris ein Festgericht, nach des Plinius Meinung zu Gesundheitszwecken; er war bei Hippokrates, Talmud, Bibel, Indiern, Chinesen ein Heilmittel. Dieses Elsen oder Alsam hat mit dem „Alahsamo“ keine Beziehung, sondern ist das aloxinum des fränkischen Arztes Anthimus (6. Jahrhundert), der darüber schrieb: „Cervisa bibenda vel medus vel aloxinum, quam maxime omnibus congruum est“. Dieser Absint- oder Wermutwein („absentius id est alosanus“) entspräche (nach Schrader 954) dem ahd. alahsan, ndl. alsem. [ἁλόσανθος, Dioskurides V, 128, D. I 5 ist eine ägyptische Nilpflanze]; ἀλόη ὀξίνης = aloxinum? der bittere Zusatz zum sauer gewordenen Bier oder Wein. In Oberbayern setzt man heute noch Wermut zum jungen Bier.

e) im Niederländischen ist „alsem“ auch = Artemisia vulg. (Beifuß), die wir unten noch besprechen werden oder Artemisia Absinthium (D. I, 5) = Wermut, ahd. wermuota; ags. wermód, wormód; engl. wormwood, letzteres ist also westgermanisch. Deutung noch ausstehend.

f) Rhamnus frangula L., schwarze Erle „Elsebaum“, „Aalkirsche“, dessen volksmedizinische Verwendung durch den Namen Gichtholz, Faulbaum, Grintbaum, Krätzholz, Läuselauge, Scheißbeerholz usw. bekundet ist.

Der „Elsenbaum“ wird auch manchmal als Elzen, Elxen oder Elxenbaum bezeichnet; er zeigt Schätze in den Bergen an wie eine Wünschelrute und gewährt Schutz vor dem Zorne des Berggeistes in Obersteiermark (Z. d. V. f. V. K. 1891, 217).

Wir haben bisher hauptsächlich jene Pflanzen, Kräuter und Bäume besprochen, welche als Verkörperungen eines zauberkräftigen Seelengeistes vom Volke angesehen worden waren; es sind vorwiegend die alten Speisebäume, die durch den Mythus und Kult zu Heilmitteln geworden waren. Als Kultpflanze haben wir (nach Zechetmairs Etymologie) auch die Elsenbeere (alahsamo) hier aufgeführt; zu diesen, mehr weniger durch den Pflanzenmythus zu Ansehen gelangten volksmedizinischen Vegetabilien gesellen sich nun auch jene Pflanzenmittel, die durch die rohe Empirie zu einer Wertschätzung gelangten und die durch ihren Volksnamen diese Verwendung bekunden, wobei nicht zu verhehlen ist, daß empirische Beobachtung und mythische Vorstellungen ineinanderfließen können. Wir haben solche empirische Heilmittel der Germanen in unserer Abhandlung „Altgermanischen Heilkunde“ (Puschmanns Handb. d. Gesch. d. Med. I, S. 466) besprochen. Die seitdem da und dort erschienenen Beiträge der verschiedensten Folkloristen, Botaniker und Philologen rechtfertigen es, wenn wir hier etwas näher eingehen auf solche Pflanzen, die der germanischen Kulturperiode angehören. Dazu gehören vor allem die sog. **Gundkräuter**, die ihren Zusammenhang mit dem germanischen gund = pus, livor, flüssiges, giftiges Körpersekret bekunden durch ihren Namen; es ist mehr als wahrscheinlich, daß darunter in erster Linie die mit Eiter vermengte flüssige Weibermilch verstanden wurde, weiterhin Eiterfluß, Wundjauche, achor, livor, humor; goth. gunds, ahd. gunt, ags. gund, altdän. gund (K. N. B. 208, 894). Alle Pflanzen, die auf eiternde, flüssigen Eiter sezernierende Körperstellen als Heilmittel gelegt (s. Hauswurz) oder dagegen innerlich genommen worden waren, konnten zum Gundkraut usw. werden. Wir wollen hier die mit germ. gund zusammengefügten ahd. Pflanzennamen aufführen:

a) ahd. gunda = gamandrea (Steinmeyer, ahd. Gl. III, 529) kann eine Kürzung für gundram sein (s. u.); der Name kann aber auch die bloße Verwendung gegen „gund“ bedeuten; gamandrea ist = Gundelrebe, Teucrium chamaedrys oder Veronica chamaedrys (Ehrenpreis-Gamander); eine Personifikation erfuhr das Kraut als „Blaumänderle“; seine volksmedizinische Verwendung deuten die Namen „Grintheil“, „Mutterkraut“, Nimmerweh“ an. Die antike Verwendung des Gamanders bei Celsus IV, 13 und Dioskurides III, 101 gegen alle möglichen Leiden wollen wir hier übergehen, da sie auf die germanische Verwendung keinen Analogieschluß erlauben. In den bergamesischen Alpen heißt die Pflanze auch „Erba della Madonna“, ein Beweis dafür, daß der Kult auch diese Pflanze in Beschlag nahm.

b) Zahlreich sind die ahd. Glossen, welche auf die germanische Gunderebe (ahd. gundereba) Bezug haben; fast ausschließlich wurde darunter die am Zaungehege vom Boden aufrankend wachsende Glechoma hederacea, ags. tun-hofe verstanden; über diese germanischen Zaunkräuter, die dem Kranken am nächsten erreichbar waren, werden wir noch weiter unten näher sprechen, wir wollen es aber hier eigens betonen; die übrigen lateinischen Pflanzennamen, welche auf die Gunderebe bezogen wurden, sind: furfuga (= furfura, achor grint) (Steinmeyer, ahd. Gl. III, 473), gamedreas (III, 599), balsamita (III, 680), radagundis = hedera terrestris (efeuähnlich, zum Unterschied von Hedera arborea, Efeu), (D. I, 194, II, 144, Schröder 937, Steinmayer IV, 363), s. auch o. S. 56.

Häufig ist die Gunderebe glossiert mit acer, acero, acro, acera, acerum, azarum, asarum. Daß diese Glosse acer sich auf den Ahorn beziehe, kann Verfasser nicht annehmen; abgesehen von dem Einwurfe, den schon E. Björkmann, Kluges Z. f. d. Wortf. III, 1902, S. 288) machte, daß „acer herba est, acer etiam arbor est“, „acer arbor est, item acer herba est“ ist zu bedenken, daß der Ahorn volksmedizinisch fast gar nicht verwendet wird. Wenn im Dänischen der Bergahorn alljährlich ein Bieropfer erhielt (Z. d. V. f. V. K. 1898, 142), so dürfte dies eine ganz junge Übertragung von anderen Fruchtbäumen sein. Auch Scheible IX, 894 zitiert aus den Bechsteinschen Sagen des Grabfeldes „Die Ahornböm hett man hievor gor wert, daz man sie zohe in der künighöf und win zu in goß“; das alte Opfer an den Fruchtbarkeitsgeist im Waldbaume ging selbst auf verpflanzte Hofbäume über; vielleicht wollte man bloß die künstliche Verpflanzung durch Weinguß unterstützen. Schröder führte den Ahorn in seiner medizin-chymischen Apotheke 1685 überhaupt nicht auf und die antiken Klassiker ebenfalls nicht; vgl. des Verfassers Waldkult 116, wo (1892) noch auf Kluges Autorität hin der Ahorn zu gunderebe bezogen wurde. Welche herba acer liegt nun hier vor? Diefenbach I, 8 nimmt acer = acera, acerra = (heder) acea scil. Glechoma an, was auch das Richtige sein dürfte; acer wäre demnach nur die entstellt abgeschriebene Glosse für (heder) acea. Die auffälligste Verwendung der Gundelrebe ist jedenfalls die als Kultspeise (Gründonnerstag-Kräutlsuppe, Suppengewürz auf Bohnen- und Erbsensuppen); damit haben wir schon eine althergebrachte Wertschätzung der Pflanze (s. des Verfassers Ostergebäcke, S. 3 ff., Mieser Kräuterbuch; Z. d. V. f. rhein. V. K. 1906, 27); an dem Genusse der Gundelrebensuppe ließ man sogar in Toggenburg die Zicklein teilnehmen, damit sie lieber fressen („Zieckelskräutchen"). Im Böhmerwald wird daraus das Gundermannpfanzel („Kummerradlpfanz") hergestellt, und anderwärts auch das Rührei („Eierpänn") damit gemengt (Pommern). Gefällige Mitteilung von Herren D. Marzell; dem Mitarbeiter an D. Hegis Illustr. Flora verdankte Verfasser diese und andere wertvolle Beiträge zur Kunde von der Gundelrebe.

Weiter ist hervorzuheben die Verwendung der Gundelrebe als Kranzkraut „Erdkränzlin" (1542 in Basel genannt, Pritzel-Jessen 166), bei Schröder 937 corona terrae; durch Gundelrebenkränze, durch die man am Walpurgistage die Hexen schauen kann, hindurch wurde beim ersten Viehaustrieb gemolken. Die Gundelrebe war ein pflanzliches Mittel gegen Milchzauber (Brustdrüsen-Vereiterung) s. Manhardt, Germanische Mythen 1858, S. 6, Grimm, D. M. 2, 1163, Wuttke 140, Illustr. Flora von Hegi I, 67 (1810). „Wan Einer Kuh die milch genomen wird, so Gang zu dem Krout heiset Gunrebe und Sprich Guntrebe unser Herr Gott hat dir Gnad gäben Got gebe Einen Streich auf die Milch und Bring mir das Mein und Jederman das sein und sprich das 3 Mahl über das Kraut Ehe du Es abbrechst, dan brich in den 3 höchsten Nahmen †††, dan thau (thu) das Kraut in die follen (Milchtrichter), Schüt die Milch daruber, dörre das Kraut und Gibs der Kuh mit saltz Ein" (Zahler 62). „Daß die Kühe die Milch nicht aufziehen (= der Milchfluß nicht ausbleibe durch den Zauber der Unholden), Nimb Gundel Rabben Im ab Nämen-

5*

den Mond dör Sie stoß zu pulffer, gibs Inen Im Saltz zu Läcken aber Nicht alle Zeit sie Liessen sonst die Milch auss Lauffen" (l. eod. 63). Neidhart (19. Bericht des naturhist. Vereins in Augsburg 1867, p. 46): „Gundelriemen zu Büschel zusammengebunden und das Milchgeschirr damit ausgewaschen, ohne daß man es hernach mit einem Tuche austrocknet, gibt guten Rahm".

Die Erfahrungen der stillenden Mutter auf die milchgebende Kuh zu übertragen, lag gewiß nahe genug; die Verwendungsarten erweiterten sich dann von selbst.

Die Verwendung der Gundelrebe bei eiternden Wunden ist oft genug bezeugt; auch hier knüpft sich die Wirksamkeit der Pflanze an bestimmte Eintragzeiten, z. B. während der Pfingstpredigt (Wartmann, Beiträge zur St. Gallischen Volksbotanik 1874, p. 37, Schiller, K., Zum Tier- u. Kräuterbuch d. mecklenburg. Volk. 1861, I, 23 a usw.) (1685). „Es besitzet neben seiner abstringierenden, eröffnenden, zertheilenden Krafft auch eine wundenheilende Tugend zun Wunden und innerlichen Geschwären ... Wird sonsten in Wund-Trüncken und Clystiren vor die rothe Ruhr am meisten gebrauchet" (Schröder 937 ff.). In Tirol werden 77 Blättlein der Gundelrebe auf die Wunde zur Heilung gelegt (Z. f. d. Mythol., Wolf I, 1853, S. 332), sie heißt darum auch „Wundrebe".

Die weitere Verwendung als Abführmittel („Blutreinigung") zu Maikuren bei Mensch und Vieh (Schwyz. Rhiner, Volkst. Pflanzennamen d. Waldstätten 1866, Nr. 115, Vgl. V. M. II, 83, 107, 331) ergab sich von selbst; namentlich nach dem Kalben wurde Gunrebe, Meerlinse und Salz zum Laxieren gegeben vor dem Milchflusse.

Die Behandlung der Mundkrankheiten und des Zahnwurmes (Zahnschmerzen) knüpft sich wohl an die des Soors beim neugeborenen Milchsäugling an, wobei auch Besprechungsformeln üblich waren: „Laß drei Gundelreben Deinen Mund umschweben!" (Rehling und Bohnhorst, Unsere Pflanzen [3], 1898, 389, Pieper Volksbotanik 1897, S. 270, Hessische Sagen 1853, S. 13); nach letzterer Quelle soll man bei Zahnschmerzen den Mund mit drei Gundramsstengeln bestreichen und dann diese in den Schornstein (Hausgeistersitz) hängen zur Übertragung des Krankheitswurms an die Hausgeister. Der Brand im Munde wird vertrieben, indem man sieben oder fünf Gundelrebenblätter in einem ungebleichten Tuche (Holzfaser) um den Hals hängt (St. Gallen) (Wartmann [2], l. c. p. 37).

Die Parazelsisten stellten ein destilliertes Gundelrebenwasser für Lungensüchtige mit eitrigem Auswurfe her (Söhns 52). Der Fruchtbarkeitszauber haftet ebenfalls an dieser Zaunpflanze, darum legen auch die Schweizer (Aargauer) Frauen die Gunderebe in den Hüftenwulst der Kleiderröcke, der das Becken umgürtet (s. Gürtler, S. 76; Rockholz II, 252); in Schlesien legt man der brütenden Gans die Gundelrebe ins Brutlager, damit sie kräftige Junge ausbrütet. Aus einem alten Kodex teilt Schmeller I, 920 mit: „Weyp, frew dich deiner stetigkeit, wo die dein hertz an gunder treit, werlich, so ist dein wirde groz", d. h. weil du den Glauben an die Gunderpflanze, die sonst andere Frauen am Herzen als „Männertreu" tragen, nicht hast, so ist deine Treue ohne dieses Amulett noch höher zu würdigen.

c) Der deutsche Gundermann ist nur eine neudeutsche Entstellung des ahd. gundram (= hedera), Gunderam = lacca*) und dieses aus ahd. gundrawe, gundraewe (Kluges Zeitschr. III, 287, 288, Steinmeyer, ahd. Gl. III, 522, 524, 528, 343, 547, 555, 719) = Glechoma hederacea (s. oben); dazu gehört vielleicht auch gunderade (s. u.).

Von dieser im Hausgarten am Zaun wachsenden efeuähnlichen Pflanze nahm das Volk wie beim Hage- und Weißdorn (s. u.) und der Hauswurz an, daß sie gegen Blitzgefahr als „Donnerrebe" (1685) (Schröder 937) schütze (Ulm) (Wuttke 516, 520). In Norddeutschland heißt die Glechoma hederacea auch „kiek dörn Tuun", „kruup dörn Tuun", „Kräutchen durch den Zaun" (Pritzel-Jessen), Onderhavn (unterm Hag) usw. Die Pflanzen in der unmittelbaren Nähe der menschlichen Hofstatt „Hofreit", wozu auch die Heimweide innerhalb des Hofgeheges gehörte stellte sich das Volk als Verkörperungen von Seelengeistern (Hausgeistern) vor, daher lehnte das Volk gerne solche Pflanzen-

*) Lacca Anchusa (Steinmeyer III, 522, D. I, 34, im Apulejus de herbis 3 extr. Schmeller l. c. II, 3102) hat vermutlich zu lappa als Gesichtsschminke Beziehung.

namen an die Namen dieser an „Gundermann", „Gutermann", „Gudelse".

d) Weitere Volksmund-Ausartungen sind die Bezeichnungen Kundel-, Gundelkraut, = Thymus serpyllum entstellt aus cunila Quendel; ferner das ahd. Chuniguntkraut = Eupatorium cannabinum (Steinmeyer ahd. Gl. III, 480, Kluges Z. III, 294, Hunnskraut), sowie die sogar mit gundereba glossierte Pflanze Radegundis (Steinmeyer, ahd. Gl. IV, 363) = gunderade, herba terrestris (Kluges Z. III, 355), ein Personennamen, der als heldenmäßiger Guntrad (= Rat, der für das Gund helfen sollte) zu deuten ist; solche germanische Personennamen wurden öfters auf Heilpflanzen übertragen. Im 13. und 14. Jahrhundert hatte der Kult der h. Radegunde bei Lähmungen seine besondere Ausdehnung (Hess. Bl. f. V. K. 1904, S. 24).

Sehr altertümlich erscheint auch, wenn auch gerade nicht als germanisch nachweisbar, der **Madelgêr.** Steinmeyer ahd. Gl. führen auf: ahd. madelgêr, madilgêr, madalgêr, madegêr, magdelwrtz; das lateinische Lemma dafür ist basilica (basilisca?), Natterwurz, perforata, basilicon vel regia, basilisca, basiliscus; Spargula Herba burit i Vnrehte madelger (III, 570); burit = hebr. Borith, woraus die Weber durch Auslaugen der Pflanzenasche Salpeter gewannen, Salzkraut = herba fullonum D. I, 79, II, 57, 201; spargula = cruciata (gentiana). Diese Benennung Madelgêr setzt sich auch durchs späte Mittelalter fort (Pritzel-Jessen 161); außerdem heißt diese Pflanze, worunter man allgemein Gentiana cruciata versteht: „Sperenstich" (Tabernaemontanus), „Kreuzkraut", „Kreuzwurz". Die ahd. Glosse ferza (Steinmeyer III, 500) = gentiana (acaulis) entspricht vielleicht dem Tiroler „Pfatscher" (farzen, pedere?) (Pritzel-Jessen 160), vermutlich sollte die Pflanze auf den Stuhlgang wirken. Die kreuzförmig wie ein vierschneidiger Speer gestellten Blätter sollen ihm den Namen Speerenstich (cruciata) gegeben haben; der Name Madelgêr aber wird nach Grimm, Klein. Schrift. IV, 408 erklärt, daß die bekannten Eigennamen eines Helden auf diese Pflanze übertragen worden sind, so wie Markolf, Germar, Mangold, Radegund, Kunigund. „Madelgêr aller wurzen ein êr" (1640). „Das Madelgêr ist wert aller ehr"; sie hieß auch „Tropfwurz" (D. I, 342) weil sie gegen dem Tropf (Lähmung, s. K. N. B. 733) helfen sollte, vielleicht als Verkörperung eines verherrlichten Ahnengeistes. „Dieses Kräutlein wird noch auf den heutigen Tag gebraucht wie bei den Alten von den Menschen, so mit Liebesgift der bösen Weiber bezaubert worden sind, und ist auch ein rechtes Experiment dazu, so es ordentlich und recht gebraucht wird" (Tabernaemontanus). Schmeller I, 1568 führt aus einer alten Handschrift folgende Ausgrabungsvorschrift an: „Daz crut magdalger soltu umbryssen mit Golt und mit silber (also nicht mit Eisen) und solt esz mit hulcz graben und mit keim isn und solt eß mit disen worten ußziehen und solt si drystunt sprechen und dry stunt ziehen und zu dem dritten mal ußziehen und sprich: Got gruß dich Magdolger, du bist über alle wurzen ein her, weis tu waz dich got lerte, do er dich von allen dinen synen kerte, weistu, waz dich got hiesz, da er sinen stab crutzwis durch den grab stiez (ein unterirdischer Geist wurde also wie ein Vampir im Grabe durchstochen). Got gruß dich Magdelger, du bist so gut und so gewere, des dich Got bat, da er dich durchstach mit gotlichen stabe. Peter, da stat din crut (Peterswurz); wer sin liep damit vmbgroffet, daz eß en nimmer mer gelasset in gotes namen." Wie ein zauberkräftiges lebendes Wesen wird der Madelgêr angesprochen und in der Beschwörungsformel eingeführt und durch den Speerstich durchbohrt gezwungen, seine Zauberkraft zu Liebeszwecken zu gewähren, so daß das Liebchen nicht mehr von dem Besitzer der so gegebenen Pflanze ablassen kann.

Die Zauberkraft der Pflanze wurde auch gegen den „Vieh-Schelm" benutzt, um den schelmischen Dämon im Vieh zu überwinden; dazu mußte die Wurzel ebenfalls nicht mit Eisen, sondern mit einem Kupferpfennig Sonnabends vor Sonnenaufgang gegraben sein. Wie die Nieswurz so heißt auch die Kreuzwurz „Schelmenkraut", weil sie gegen den Viehschelm, den altgermanischen Krankheitsdämon (s. K. N. B. 568) verwendet wurde. Von den Hirten mögen die Gentiana cruciata, asclepiadea und pneumonanthe („Lungenblume") leicht verwechselt worden sein. Madelgêr und Verbena werden vielfach nebeneinander genannt (s. Vergl. V. Med. I, 120, 124) und auch am Karfreitag (Dies

Veneris) gegraben, was für einen Import zur Zeit des Christentums sprechen könnte; sonst wird sie um Johanni gegraben.

Über die übrigen Enzianarten, die nach Plinius h. n. XXV, 7 („Gentianam invenit Gentius Rex Illyricorum, ubique nascentem, in Illyrico tamen praestantissimam") von Illyrien aus ihre Verwendung fanden, wollen wir hierbei nicht näher eingehen, da sie aus antikem Einflusse ihre Verwendung erfuhren und unser gestecktes Gebiet überschritten würde. Die volksmedizinische Verwendung der Gentiana cruciata L. deutete ihre Namen „Heil allen Schaden", „Lungenblume" an (Verf. Volks-Med. 121).

Eine Pflanze, die Artemisia, bedarf einer eingehenderen Besprechung, weil sie unter ganz altertümlichen einheimischen Namen: Buggler, Gürtler, Beifuß und Mugwurz auftritt und zumeist ein gynäkologisches Allheilmittel war. Plinius XXV, 73, 74 schrieb „sunt qui ab Artemide Ilithyia (Artemisiam) cognominatam putent, quoniam privatim medeatur feminarum malis", was Bronfels (1520) fast wörtlich wiederholt.

Die einheimischen Namen waren:

a) Der **Bugler** oder **Buggler**, die Buckel heißt ahd. buggila, bugga, bugge, puggo, buggela, bucca (Steinmeyer III, 49, 485, 469, 491, 492, 546, 585; II, 577; Perger 210); die lateinischen Bezeichnungen sind zumeist artemisia; ferner tacantes (= tanacetum) [Tanacetum Balsamita*) ist heute noch der volkskundlich identische „Gürtler", Johannesgürtel", der in der Johanneszeit ins Sonnenwendfeuer geworfen wurde (Sebast. Frank Weltbuch 51b); außerdem: berula (Peterlein? Berenbung?); hermalda (D. I, 275, 51); hermalter, Hermandel**) (Chrysanthemum chamomilla?) amaracas (Majoran), (= alcas aleptafilos, Siebenblatt, Sunwendblatt).

*) In der Physica Hildegardis ist das Tanacetum (Zierpflanze in Gärten gezogen) bereits erwähnt. Fonahn 39 führt aus dem Collect. Salern. an: „Tanacetum id est athanasia; Athanasia tanacetum idem ist; hac utuntur Salernitani pro arthemisia et Hispani similiter"; aus der Salernitanerschule stammt also die heute noch geläufige Verwechslung des Tanacetum mit Artemisia, die beide „Gürtler" noch heißen. Das Tanacetum ist auch das balsamische Rainfarnkraut, Frauenblatt, Schmecker, Gürtler, Pompelblume (=pro vulva) (1908) „Glückstee" (vgl. V. V. M. I. 356).

**) E. Björkman denkt an das Hermelin, Wiesel (?).

Diese Bezeichnungen Bukhlen, Bucken, Buckel, Bug, Buggensamen (Schmeller I, 206, 217), 14. Jahrhundert buggul (Vocab. opt.), 1528 Buck (H. von Gersdorf 100) setzen sich durchs Mittelalter bis in die Neuzeit fort. Simmental: Bugelen, Buggeln, worunter aber alle größeren Doldengewächse, ferner auch Wegwarte, Ajuga reptans, Anthriscus silvestris, Artemisia vulgaris verstanden wurden (E. Björkman 266) mnd. 13. Jahrhundert Bugla = wntcrut (Kluges Z. III, 354) dürfte mit Recht als Wundkraut (ahd. wntcrut = bugula, Steinmeyer III, 526, 536, 537, 551) zu deuten sein, aber nicht als deutsches bugila, sondern als entstelltes buglossa (D. I, 77); ein mnd. bugla ist glossiert: dorueloc (Dorflauch), wantloc (= Gewandlauch) (Kluges Z. III, 356).

Aus dem Umstande, daß ganz verschiedene Pflanzen als Bugler oder Buggler bezeichnet werden, läßt sich nur schließen, daß das ihnen Gemeinsame nicht in ihren botanischen, äußerlichen Merkmalen liegen kann, sondern daß vielleicht ihre Verwendungsart diese gemeinsam als Buggler bezeichnen ließ. Das Mutterkraut (Matraun, Madron, Matricaria) heißt ebenfalls buck, bucca, puggel (Perger 210); bug = artemisia (Schmeller I, 217). In Tirol heißt der Schenkel des Menschen „Büegle" (Hintner, 8, 20). Die wahrscheinlichste Erklärnng ist also dann, daß die Buggel oder der Buggler die am Bug, Bügel oder Dickfleisch getragene „Artemisia" ist. Daß aber letztere am Dickbein oder an der Hüfte usw. getragen wurde, ergibt sich aus folgender Stelle (abgesehen von dem „Beifuß" und „Sonnenwendgürtel" Namen der Artemisia). Der oberdeutsche Magister Bartholomäus des 13. Jahrhunderts schrieb: „oder bindet man ir (d. h. der gebärenden Frau) daz gesotene crût (Artemisia) an ir rechte dich (Dickfleisch, Bug, Hüfte), su genieset (sie) zu hant; man sol iz alzuhant abeneme, alsô daz kint geboren ist; sumit man daz, iz ist engeslîch (ängstlich), (Wiener Akad. Sitz. Ber. 71. Band, S. 536). Zahler 64 führt die Buggel auch als Kuhmittel, ebenso als Frauenmittel an (Schweiz). Artemisia (= Dianaria, D. I, 179) hatte fast ausschließlich nur Bezug auf das weibliche Geschlechtsleben (Fruchtbarkeit, Menstruation und Geburt); sie sollte am Fuß („Beifuß"), am Bug („Bugler") oder am Schoß („Gürtler") getragen, stärken, keine Ermüdung in der Gebärarbeit aufkommen lassen.

b) **Beifuß**, ahd. bifuoz, bivuoz, ndd. bîfôt = artemisia, ambrosia, mater herbarum, valeriana, bi-pede usw. hat mit bî-bôz (Zustoß, Gewürz) keinen Zusammenhang, sondern ist aus der Antike als Übersetzung übernommen worden, Plinius h. n. XXV, 73: Artemisiam adligatam qui habeat viator negatur lassitudinem sentire"; die Gebär- und Zeugungskraft belebende Wirkung ist hier bereits auf des Fußgängers Kraft ausgedehnt. (13. Jahrh.) „swer des bîbôz (= bifuoz) wrcelen an deme halse treit, nichhein vbele crote mach ume gescade vñ ob si ume scadit. Dez bîbôz saf mit wine genuzcit, hilfet dâ wider" (Wiener Akad. Sitz. Ber. 71. B. 531); der Einfluß des Krötenalps auf die Leibesfrucht wurde durch den am Halse getragenen oder mit Wein genossenen Beifuß fern gehalten. „Iz (die Artemisia) hilfet ouch ob si sich in dem bade bêet dicke dâ mite niderthalb dem nabele" (l. eod. 531); namentlich den schwangeren und gebärenden Frauen sollte sie kräftige Hilfe gegen allerlei Ungemach geben. (15. Jahrh.) „Artemisia ist ain krawt, daz ist vnter allen wurczen mein trawt, der kraft ist tewre, sy vertreibet alles vngehewre (s. K. N. B. 231). Ob du furchtest czauber, so hab ir vier pündl in der chemnaten, wan dir schaden die vnholden nicht an chinden noch an viech, noch an chainer slacht ding, vnd von chainem weibe wirt ir nicht an chainer slacht siechtum an ir kint, so daz weib welle gen czu chinde" (Z. d. V. f. V. K. 1891, S. 323).

Nach Konrad von Megenberg (1476) war Beifuß (Beiboß) gut denjenigen, die unbärhaftig sind: ez sprechent auch der Maister, wer Peipoz an „die Pain binde, es benehm den Wegraisern ihre Müd(igkeit) (also ganz nach Plinius' Worten); daz versuche derjenige, der es glaube; ich (Konrad von Megenberg) glaube es nicht; es wäre denn ein Zauberer (1507). Wer Beifuß vor die Türschwelle legt (wie Weißdorn), dem kann nichts Übles begegnen. Wer Beifuß bei sich hat, der wird nicht müde (nach dem Hortus sanit.).

Hier wäre einzufügen, daß das Geierherz, das im 4. Jahrhundert n. Chr. in der griechisch-ägyptischen Hermeneutik durch die Artemisia ersetzt wurde (Organotherapie 252), ebenfalls um 330 n. Chr. als Amulet am Arme von den Reisenden getragen wurde (Sextus Platon. XXIV). Diese Beifußverwendung gegen

Reisemüdigkeit ist also sicher aus antiker Quelle entnommen. Zahler 64ff. führt an Vom Beyfuß oder Bugelen: „Die Buggel Ist gut den frauen zu Ihr sucht die da Heisst Menstrum" (18. Jahrhundert). Der Dorfbader von Hohenaschau (1681) schreibt ebenfalls dem Beifuß diese emenagogische Wirkung zu (Manuskript). Man sieht, wie die Antike anhaltenden Einfluß hatte.

Als gynäkologisches Pflanzenmittel heißt der Beifuß auch Jungfernkraut, Weiberkraut (Pritzel-Jessen 45); man benützte es auch im 13. Jahrhundert, um die Unkeuschheit derselben (Weißfluß) zu beseitigen (mndd). „Is dat wyf unkusch so nym : .. byuot so wert ere dink gude" (Magist. Barth. v. Oefele 91b). Auch in Flandern ist der Alsen (Elsen, s. o. S. 62) oder Bivot ein häufiges volksmedizinisches Mittel bei Frauenleiden und zur Liebeserweckung (De Cock 95, 226).

c) Macht- oder **Mug-Wurz,** mhd. mugwurtz, mugwurz, muggart = artemisia vulgaris (Pritzel-Jessen 45), ags. mucg wyrt = artemisia, norw. mugwort, muggart = artemisia, engl. mugwort (Hoops 616, Fonahn 32, Schröder 828, Schrader 65). Nach ihrem sicher germanischen (nicht keltischen) Namen war die Pflanze ein Mittel für das Geschlechtsvermögen [mndl. ghi zult overvele mueghen met vrauwen wesen sonder uwe scade, de Vreese 48; Thôr trägt einen Machtgürtel megin-gjardar um den Leib, Manhardt, W. F. K. I, 486; vgl. K. N. B. 418, 381; Schmeller I, 1578: mugeln = gignere, generari. Siehe auch in Vergl. V. Med. I, 105 den Spruch einer Meerfee in Glasgow, in dem die Mugwurz im Mai genossen als Mittel gegen Auszehrung gepriesen wird]. Eine Beschwörungsformel der Artemisia aus dem 14. Jahrhundert teilt Schönbach 148 mit. Mit Artemisia und Verbena bekränzte sich am Johannesabend bei dem Sommersonnenwendfeuer die Jugend beiderlei Geschlechts; beim Nachhausegehen verbrannte man diese Kränze unter dem Rufe: „es geh' hinweg und werd verbrennet mit diesem Kraut all mein Unglück". Johann Boehme, Omn. gentium mor. leg. et ritus III, 15, Sebast. Frank, Weltbuch 51b). Gegen Zauber hilft die Artemisia als „Herrgottshölzl", das am Mariä Himmelfahrtstage im Viehstalle gegen Hexen, Maren, Schelme und giftige Würmer aufgehangen und als Räucherwurz benutzt wird (Vergl. V. Med. I, 105). Das Sonnenwendfeuer machte das Kraut auch zum Apotropaeon. „Etliche sagen, daß die Kohle, die man am St. Johannistage unter diesem Kraute findet, vor die schwehre Noth dienen soll und diese (Kohle) hengen sie entweder am Hals oder geben derer Pulver ein. Die unter diesem Gewächs ausgegrabenen Kohlen seyn der Narren ihre närrische Stein“ (Schröder 828). Beifuß gegen Epilepsie s. V. V. M. II, 220.

Artemisia heißt auch „Teufelsflucht“ (Perger 210); vgl. Apulejus Barbarus: „Fugat et daemonia in domo posita et prohibet mala medicamenta et avertit oculos malorum hominum“ (Schrader 65).

d) **Sonnenwendgürtel**, Schoßwurz, Schmeller II, 302: „Von Beyfueß Subentgurtl oder Rorbuckhen-Wasser. Qui herbis scil. sunbentgurtl vel hujusmodi se cingunt credentes aliquid valere (s. o. Mugwurz) vel invenire“; „cingentes mit sunnbentgürtel“ (1593). „Ock hefft men an disem dage gewyheden Byfoth vmme sich gegordelt edder gebunden, vnd gesecht, dat wenn einer densülven by sick hedde, so werde he nicht möde up der reyse wen he ginge were ock gudt vor de wehedage des rüggen“ (U. Jahn 43). „Jam igitur paulo ante messem festum diem agebant sub Ethnicismo Cimbri omnes, artemisia (Bivoet, St. Johanneskraut) cincti et coronati (l. eod.).

Man kann daraus entnehmen, daß die Artemisia als Gürtler, Schoßwurz, Schoßmelde, Pumpelwurz, Gertlwurz, Gürtlerkraut, Gürtelkraut*) (1685), St. Johannesgürtel, Sonnenwendgürtel usw. Verwendung fand; ob hierbei älterer antiker Einfluß allein maßgebend ist, steht dahin; bei einer so ausgedehnten gleichmäßigen Verwendung im deutschen Volksbrauche und der ganz sichtbar alten Benennung [ahd. gertel = abrotanum (artemisia), gartwurz = abrotanum (Steinmeyer ahd. Gl. III, 128, 547, 223, 512, 574; IV, 28, 361, 363, ahd. schosmalte = artemisia II, 767, III, 546, scozwurz = abrotanum (Eberraute) III, 492, 577, IV, 364, 367, 362] ist einheimischer Untergrund höchst wahrscheinlich. Gertelenwasser sollte den Rotz im Magen und in den Gedärmen vertreiben (Magenwurm-Mittel) (Schmeller). Gürtlerkraut mit Honig ist ein

*) Auch andere fruchtbar machende Gebärkräuter wurden über dem Schoße als Gürtelkraut getragen (1481): traganta [= dracontea] Geperkraut est herba quae ad renes mulieris ligata fuerit“ (Zening. Vocab.).

oberbayerisches Frauenmittel zur Blutreinigung (vgl. Verf. V. Med. 104); zu den Kräuterkücheln der Sonnenwendzeit wird auch der fruchtbar machende Gürtler (Tanacetum) verwendet. Das Sonnenwend- oder Sünbentblatt wurde auch als heptafilos (= Siebenblatt) übersetzt (Steinmeyer III, 469). Als „Gürtlerkraut" (Waldgürtel, Johannesgürtel, Schoßwurz usw.) gilt auch: Lycopodium clavatum und Selago (Jessen 221).

Wenn auch bei dieser Artemisia (a—d) der Verdacht auf antiken, d. h. römischen Einfluß nicht ganz von der Hand zu weisen ist, so müßte dieser, wenn er überhaupt gegeben war, schon in früher ahd. Zeitperiode sich eingebürgert haben, nicht bloß als volksmedizinisches Mittel, sondern auch als Sonnenwendkraut, Kraft- und Gürtelkraut, da die weite und anhaltende Verbreitung dieser Verwendungsart doch auch auf frühe, vielleicht schon gemeinsame Kulturperioden zurückweist und die Artemisia vulg. in den meisten Teilen Europas einheimisch ist.

Mit den nachfolgenden Pflanzen nähern wir uns wieder denjenigen germanischen Kräutern, die in des Menschen Wohnungsbereich zu finden sind; dazu gehört vor allem die **Nessel** (Urtica dioica, s. urens, *ἀκαλύφη ἀκαλήφη,* acaliphe).

Die ahd. Formen sind: heiße (brennende) Nessel oder Eiter-(Gift)nessel: heitirnezila, heiternezzela, hêtenezela, mnd. hedernettele, mnd. hette, an. heitr urtica granatica, grecanica (graeca), nord. etirnetla; ahd. eiternezzila, mhd. etternezzel, ags. netele.

Da die verschiedenen Nesselarten auch zu Küchenkräutern (Nesselküchel, Sengküchel, s. Ostergebäcke, S. 8, 3), wie die meisten Frühlingskräuter benützt werden (s. Z. d. V. f. V. K. 1899, 293, Vergl. V. M. II, 117), so ist der Volksglaube, daß in derselben ein Vegetationsgeist verkörpert sei, um so begründeter, als sie wie ein solcher auch angesprochen wird (s. Verf. V. Med. 115) und noch 1661 die h. Maria in Nesselzweigen rastend auf Münzen abgebildet erscheint (wie bei dem Holler, s. o., S. 29) (O. B. V. A. XXXVII, 123). Die Vegetationskraft der Frühlingskräuter ging bei der Frühlingsfeier in den Verzehrer der Kultspeise über, ebenso auch beim Nesselsamen, der auch als reinigendes Vorbeugemittel gegen Fieber in Kuchenform genossen wurde im 13. Jahrhundert nach dem mnd. Magister Bartholomäus (v. Oefele 103b): „Wultu dat dy nichten vrust so nym nettelen saet vnde backe dar enen koken af myt olye, wor du dy darmede bestrikest, dar en vrust dy nit", hier geht also das Fieberfrostmittel bereits in ein lokales Hautfrostmittel über. Wenn Plinius von der Nessel sagt, daß zur Zeit des Frühlings diese Pflanze eine nicht unangenehme Speise (Salatgemüse, Säugküchel̲n, Nesselkrapfen) sei, von der viele glauben, daß sie das ganze Jahr hindurch vor Krankheiten (Fieber) bewahre, also gleichsam beim Beginne des neuen Jahres im Lenze den Menschen von dem Grolle elbischer Krankheitsdämonen reinige, so spricht er das aus, was der deutsche Volksbrauch ebenso bei den Gründonnerstagskräutern tut, die zum alten Neunkräutersegen Beziehung haben. Mit dem Weihrauche und den Weiheformeln der Kirche mischte sich der Duft indogermanischer Acker- und Hagpoesie. „Der Neunkräutersegen, der über jedem der neun empfohlenen Heilkräuter*) dreimal gesungen wird, bevor dem Kranken die daraus gefertigte Salbe aufgestrichen wird, schwelgt in echt angelsächsischer breiter Ausmalung, ohne römische Gelehrsamkeit und christlichen Einfluß zu verleugnen" (Meyer, (Mythol. d. Germ. 33). Hippokrates verwendete schon den Nesselsamen als Lungenmittel (de morb. II c. XLVII, Fuchs II, 438) und als Mittel, um die weibliche Regel herbeizuführen, d. h. fruchtbar zu machen (De morb. mul. I c. LXXIV, Fuchs III, 459). Die Gewinnung des Nesselsamens scheint bei der Gespinst-Nessel-Eintragung betätigt worden zu sein. Plinius XXII, 32 erwähnt auch das Aufschnupfen von Nesselpulver als Mittel gegen Nasenblutungen. Im Laufe der Generationen wurde die Nessel auch ein Mittel gegen Magenwürmer (in der norwegischen Volksmedizin, Fonahn 18, 33, 40) und durch den späteren Grundsatz similia similibus wegen ihrer behaarten Blätter ein solches gegen Haarlosigkeit (Haarwurm). Als Nesseln erzeugendes Derivans sollte das Peitschen oder Überschlagen mit den Nesseln Wassersucht und Harnbeschwerden beseitigen (De Cock); gegen Nixenzauber und sonstige elbische Einflüsse helfen. Die meisten übrigen Verwendungsarten der Nessel sind den antiken Schriftstellern entnommen, sie wurde eine Panakee wie jedes frische Frühlingskraut aus der

*) Auch „Neunschoen" genannt.

nächsten Umgebung der menschlichen Siedelung; schon Theophrast, der Begründer der wissenschaftlichen Botanik (372—285 v. Chr.), bestätigt, daß die jungen Nesseltriebe zur Nahrung dienten. Mit der Eigenschaft als Nahrungsmittel der Frühlingszeit erklärt sich auch die Verwendung der Brennnessel als Mittel gegen Schwindsucht, Husten, Lähmung, Darmschmerz, Gicht, für Fruchtbarkeit und Geburt, V. V. M. I, 90, II, 514.

Als „taube Nessel“ erscheint schon in ahd. Zeit (taub, tob, nezila) Marrubium vulgare s. Ballota nigra, Andorn, ags. harhune, das aber schon in der Antike als mächtige Zauberpflanze „Isionsblut“, „Samen des Horus“ (s. Organotherapie s. v.) und später als impotent machendes Mittel („Wallachpflanze“) galt. In Verbindung mit Geiergalle als Mittel gegen den Augenstar erwähnt dieses Kraut der Marrubier (am Fucinersee) auch der Sextus Platonicus c. XXIV; sie heißt auch später „Marien-Nessel“ (=Maren-Nessel?) (Pritzel-Jessen 271; conf. ahd. maredioh (= maredistel), Steinmeyer III, 571). Da ihre Verwendung hauptsächlich aus der Antike stammt, und ihr Namen Andorn (Anatron? Anthora?) noch nicht erklärt ist, sehen wir von ihrer Besprechung ab, wollen aber hier als Parallele der germanischen Pflanzennamen anführen, daß das gegen angezauberte, angetane Hautkrankheiten („Andorn“ genannt) verwendete Mittel auch dieser Andorn (Marrubium) ist (Woeste 224). Die Pflanze übernimmt also, wie der Nachtschaden den Namen der Krankheit, gegen die sie helfen soll; zumeist heißt sie als Zauberpflanze „Gottvergessen“. Der braune Andorn (ahd. ander-brune) stand im Gegensatze zum weißen Andorn (mnd. witander) (Steinmeyer III, 543, IV, 33; Kluges Z. III, 355).

Ein solcher botanischer Hausgeist wie die Nessel ist auch die **Hauswurz** oder der **Hauslauch** (Sempervivum tectorum, Sedum acre, maximum, telephium, Barba Jovis usw.), welche Pflanze als eine Art Hausheiliger auf dem Dache in Scherben und Töpfen*) gezogen wird, gleichsam als Symbol der alten Stein- oder Höhlenwohnung („Petrophyes“ bei Dioskurides IV, 89), das seinen apotropäischen, vor Blitz und Donner schirmenden

*) „*καὶ ἐν ὀστράκοις ἔνιοι φυτεύουσιν αὐτὸ ἐπὶ τῶν οἰκημάτων*“ (Dioskurides).

Einfluß bis auf unsere Tage im Volksglauben ebenso bewahrt hat wie das weißblühende Dorngehäge, das ehemals wilde Tiere von der Schlafstätte des Menschen abhielt.

Mit dem germanischen Thôr oder Donnergotte hat diese Pflanze absolut keine direkte Beziehung, wenn sie Donnerbart, Donnerknopf, Donnerlauch, Donnerwehr usw. benannt wurde. Der Glaube an die Donner- und Blitzgefahr abwehrende (Sedum zu: sedare, abhalten) Wirkung der auf dem Hausdache in Steintöpfen wurzelnden immergrünen, fleischsaftigen Pflanze findet sich nicht nur in Deutschland oder Germanien, sondern auch bereits bei den Römern und im alten Griechenland, wo dieselbe Keraunia (= Donnerpflanze, Dioskurides IV, 88, 89) hieß; schon die zahlreichen Benennungen dieser Pflanze bei den verschiedensten antiken Völkern sprechen für uralten Volksglauben, der sich an diese „Hauswurz" knüpfte. „Wo die Hauswurz nicht von selbst aus den Schindeln des Hausdaches wächst, stellt man sie in Scherben und Geschirren auf das Dach" (Brixen) (Heyl 792); der Schutz der schirmenden menschlichen Wohnung, der schützende Hausgeist ist in der Pflanze verkörpert; als solcher wird die Pflanze zum symbolischen Apotropäon gegen Blitzgefahr und gegen schelmische Krankheiten, die andere unholde Geister über den Menschen brachten. In Toskana gibt man den Kindern als Vorbeugemittel gegen die dämonischen Fraisenanfälle am ersten Freitag nach ihrer Geburt den ausgepreßten Saft der Hauswurz zu trinken (De Cock 96); daß solcher Saft mittels der Frauenmilch dem Kinde am leichtesten eingeführt werden kann, ist ganz naheliegend, daher Hauswurzsaft mit Milch einer einen Knaben stillenden Frau ein Mittel ist gegen Hirnhautentzündung, Hauptweh (Fraisen und Eklampsie, Meningitis usw.) und gegen Zahnfraisen, Zahnschmerzen usw. (De Cock 70, 126, 117; v. Oefele 99a); auch in Pfeiffers Arzneibuch aus dem 12. Jahrhundert ist Hauswurz ein Mittel gegen den sog. Hauptschwären (K. N. B. 611), gegen welchen aber auch der Wegebreit (s. o.) ein Halsamulett ist (De Vreese 80), also wieder eine Pflanze aus der nächsten Umgebung des Hauses. Die Hauswurz wird auch als „Zitterochkraut" (Zitteroch ist ein schon indogermanischer Krankheitsnamen), „Warzenkraut" gegen Überbeine und gegen „das unsinnige Haupt" benützt und hilft dabei nur durch die fleischigen, saftigen grünen Blätter als Kühlung (mit und ohne Weibermilch) (Mieser Kräuterbuch 13; Vergl. V. Med. I, 100, II, 189, 392); der Tiroler Kropf verschwindet, wenn man gepulverte Hauswurz mit Schafunschlitt und Butterschmalz (eine echt germanische Verordnung) jedes gleichviel und gut vermengt auflegt (Z. d. V. f. V. K. 1898, S. 44). Gegen rote laufende Augen (= Blenorrhoea neonatorum) empfehlen schon Galenus und Plinius die Hauswurz (De Cock 127), eine Verordnung, die gewiß aus der antiken Volksmedizin stammt. Die Hauswurz als Helfer in aller Not und Gefahr [gegen Lähmungen, weibliche Unfruchtbarkeit (11. Jahrhundert) und männliche Impotenz (15. Jahrhundert), Z. d. V. f. V. K. 1891, S. 322, V. V. M. II, 169, 247], fehlt auch nicht unter den geweihten Krautkränzen des deutschen Volkes; ihre immergrünen saftigen Blätter (*ἀεί-ζῶον* = immerlebend; ahd. huswurz = ayzon, Steinmeyer, ahd. Gl. III, 532; *ἀει-θαλής* = immersprossend, immergrün, sempervivum) gaben ihm den Wert eines Vegetationsgeistes, eines in der Pflanze verkörperten Hausgeistes, wie dem Wegerich; beide sind darum auch Orakelpflanzen (Söhns 153). Blüht die Hauswurz, so gibt's im Haus eine Hochzeit oder es stirbt gleich jemand im Hause, je nach der Huld oder Unhuld des Hausgeistes (Schw. A. f. V. K. XII, 1908, S. 150, 149). Die romanische Barba Jovis hat mit dem germanischen Gotte Donar, dem sie „geweiht" oder heilig sein sollte (?), ebensowenig direkte Beziehung als der Donnerstag, ags. Þunresdæg, Dies Jovis; beides sind nur mittelalterliche Übersetzungen des antiken Jupiter (Jovisbarba, joubarbe des toits, span. jusbarba).

Das für Kinder und Haus waltende Weib griff zuerst in seinen Notlagen zu diesem schirmenden Hausgeist im Wurzgarten, namentlich bei den schmerzhaften Brustwarzen-Schrunden und Brustdrüsen-Entzündungen (s. o. Gund, S. 65), d. h. zu Hauswurz und Wegerich, den nächsten Pflanzen seiner primitiven Siedelung; der Saft der fleischigen Blätter oder diese selbst deckten die Warzenschrunden zu und kühlten; so wurde der immergrüne Hauslauch das echte Heil- und Genesungsblatt (ndl. geneesblaren, De Cock 280 ff.). Die Übertragung der Wirkung von der Brustwarzenschrunde auf die Afterschrunde

(Afterzwang s. Steinmeyer ahd. Gl. IV, 584; K. N. B. 863; mdl. „de spenen in den ers“ de Vreese 80) ergab sich dann empirisch. Solche Spän- und Zäpfelkräuter fand dann das Volk ganz empirisch noch mehr (ndl. speenkruid = Ficaria ranunculoides, Scrofularia, De Cock 30, 208; tepelcruydt = Lampsana; Späne s. K. N. B., 661).

Die ahd. Glossen geben für die Hauswurz noch die latein. Lemmata: Buptalmon (= Buphthalmus = Chrysanthemum Leucanthemum?); sinteria (= Dysenteria, Steinmeyer, ahd. Gl. IV, 360); letzteres jedenfalls als Ruhrmittel der späteren Volksmedizin; Ruhrkräuter erfand letztere gar viele.

Da die Pflanze nur im Süden heimisch ist, wo es Steindächer gab, so ist mit der Pflanze auch der Volksglaube nach Norden gewandert, jedenfalls aber schon früh.

Die **Nieswurz** (Helleborus, auch Veratrum oder Germer, Nieskraut, Heimwurz, Winterrose) hat ihren ahd. Namen von ihrer kathartischen Nieswirkung. Der griechische Namen *ἐλλέβορος* deutet auf *εἵλη*, *ἕλη* = Sommerwärme und *βορός* = gefräßig. Die an sonnigen Heimweiden im Winter blühende Pflanze, Helleborus niger, *γόνος Ἡελίου* = Sonnenkind 300 n. Chr., hat zwei ganz altertümliche einheimische Namen: a) ahd. sittirwurz, süttirwurz (Steinmeyer ahd. Gl.) = Suchtwurz, Fieberwurz, Fieberstellwurz; b) sie wird auch l. eod. II, 703 als „marsithila“ = Sitz eines Mardämons bezeichnet (nicht Verwechslung mit Mardistel).

Ihre Erbrechen und Niesen erzeugende Wirkung, die das griechische Volk wohl längst erprobt hatte, machte sie im griechischen Kulte zum rituellen Reinigungsmittel, mit dem auch die Römer ihre Wohnungen und Herdstätten symbolisch reinigten (Rhode II, 73, 77). Wir können nicht umhin, dieses älteste Brechmittel und Antifebrile aus der botanischen Sphäre, das jedenfalls ob seiner medizinischen Kräfte in den Kultritus als offizielles Kathartikum einbezogen wurde, hier als Parallele zu anderen Heilmitteln etwas näher zu besprechen. Plinius sagt (H. n. XXV, 215): „Melampodio fama divinationibus nota est. Ab hoc appellatur unum ellebori genus Melampodium. Aliqui pastorem eodem nomine invenisse tradunt capras purgari pasto illo animadvertentem datoque lacte earum sanasse Proetidas*) furentes."

Schon die Hippokratiker benutzten (ἐλλεβορίζειν) die Pflanze zum ἐλλεβορισμός (Katharsis durch Brechen, Niesen, Abführen); nach Dioskurides IV, 149 hieß dieselbe bei den Galliern Laginon, d. h. Arzt (Lachner-)Kraut. 300 n. Chr. hieß sie auch γονός ἀετοῦ = Adlerbrut, Sommervogel-Kind (Dieterich 816); die Propheten und Magier zur Zeit des Dioskurides benannten die Pflanze auch Samen (Nachkommenschaft) der Herkules.

Dioskurides (l. c.) knüpft folgenden Pflanzenmythos an: „Diejenigen, welche ihn graben, stellen sich hin und beten (zuerst) zum (Sonnen- und Heilgotte) Apollo und Asklepios, indem sie dabei den Flug des Adlers (Sonnenvogel) beobachten; man sagt nämlich, daß dieser nicht ohne Gefahr (für den Wurzelgräber) hinzufliege; denn der Vogel bringe den Tod, wenn er das Ausgraben des Helleborus (= Adlerbrut) sähe; man muß ihn also rasch graben, weil der Geruch Schwere des Kopfes verursacht; deshalb essen die Gräber Knoblauch und trinken Wein, denn so bleiben sie vor allem Schaden (des Pflanzengeruches) bewahrt." Da die Wachteln nach dem Glauben der Alten den Helleborus genießen, so sollen auch diejenigen, welche die Wachteln verzehren, leicht in Gefahr kommen, von Konvulsionen befallen zu werden; das ist „die herkulische Krankheit", veranlaßt durch die Nieswurz oder auch behandelt durch dieselbe (s. Organotherapie, S. 305, 131). Nach Dioskurides (l. IV, c. 148) wurde die Nieswurz auch als uralte Kult- und Heilpflanze ins Brot verbacken und so geröstet. Überhaupt fabelten die Alten viel von dem Helleborus (vgl. Organotherapie 41), der das tote Embryon beseitigen und den Ausfluß der Frauen heilen sollte als rituelles Kathartikum; erst die medizinische Wirkung hat der Pflanze ihre rituelle Bedeutung bei den Griechen und Römern verschafft.

Die das Embryon austreibende Wirkung, die das Mittelalter annahm und nach der Nürnberger Medizinalordnung 1592 durch das Verbot des Verkaufes von Nieswurz als noch volksüblich bestätigt ist (Ärztl. Rundschau 1906, 48), ist natürlich der Antike

*) Vgl. Pausanias VIII, 18.

6*

entnommen, welche längst beobachtet hatte, daß stark drastischwirkende Mittel (Emetika z. B.) Abortus verursachen können. Abortusmittel der Germanen führen an: Lex salica XXI, 2, 4; Lex Bajuw. VIII, 18; Leg. Wisigoth. VI, 3, 17; vgl. außerdem Schönbach 26; Weinhold, Deutsche Frauen 78; Wascherschleben 199, 200.

Die antike Verwendung und Bezeichnung der Nieswurz kontrastiert stark mit der germanischen, wobei zu betonen ist, daß bei den Alten die schwarze Nieswurz (Helleborus niger) leicht verwechselt wurde mit der weißen, während die Germanen beide wohl trennten; der schwarze Helleborus hieß „Suchtwurz" (Fieberwurz), der weiße „Germar" (Helleborus s. Veratrum album). Wir wollen hier noch einmal die übrigen ahd. Bezeichnungen für beide Arten anführen:

a) germâra, germaren, germerra, germarrun vel hemerun = helleborus (Steinmeyer) = Veratrum album, *ἐλλέβορος λευκός*, Fieberstellwurzel, Läusekraut, Lüppwurzel, Brechwurz. Germâr ist vermutlich der Namen eines speerberühmten altgermanischen Helden; die getrockneten Blätter des Germers werden in Tirol ab und zu geraucht (v. Dalla Torre 72).

b) hemerum, hemera, hemer [griech. *κόμαρος, κάμαρος*, altslaw. čemerica = Gift, kleinrussisch čemer = nausea, Kluges Z. II, 269] = elleborus albus, veratrum, melampodium. „Genciana unte diu hemere gesoteniu mit eziche ist gut den tobentegen" (12. Jahrh.), (Schmeller I, 1110); hemer ist vermutlich durch den Viehhandel mit den Slawen nach Deutschland gekommen als Wort, das in Tirol auch zu „Heimatwurz" umgedeutscht wurde; in den ehemals deutsch sprechenden Sette Comuni: „hemara" (Schmeller I, 1110).

c) alada = elleborus genus herbe que francice alada dicitur (Steinmeyer II, 10 ^{28}, 10 ^{43}). Etymologie des „alada" steht noch aus.

d) cristeswrtz = illisirica (= Iris illirica?) (l. c. III, 520); heiligen cristwrtz = elleborus niger (III, 556), wegen ihrer frühen Blütezeit in christlicher Zeit so benannt; „Winterblume", „Schneerose". Kaiser Karl d. Gr. ließ den Helleborus viridis wegen seiner fiebervertreibenden Wirkung (sittirwurz) als febrefugiam nach seinem Capit. de villis (812) auf seinen Meierhöfen anpflanzen (Kerner 808), jedoch kaum mit Erfolg.

c) nieswurz, wis-nizworz (weiße Nieswurz) ist im ahd. oft bezeugt als helleborus und sprintilla (latinisiert?); daß der sog. Schneeberger Tabak aus der Nieswurz hergestellt wird, ist bekannt; die Wurzel wird in Tirol ausgegraben und gegen Katarrhe als Pulver aufgeschnupft (v. Dalla Torre 35).

f) Helleborus niger wird im Altschwedischen auch mit thung = Gift bezeichnet (Fonahn 27), was dafür sprechen würde, daß die Nordgermanen ihn nur als fremde Giftpflanze kannten; ags. þung, ahd. thunc = Luparia, giftiges Lüppe- oder Wolfskraut (Steinmeyer, ahd. Gl. III, 719).

g) Die oben schon erwähnte ahd. Glosse: marsithila (Steinmeyer, ahd. Gl. II, 703) ist als Marensitz, Elbensitz zu deuten (vgl. ahd. waldsidilo = Waldsiedler, Eremit, Steinmeyer IV, 145, K. N. B. 136; die von Björkman hier angenommene Mardistel ist Viscum album).

h) Steinmeyer III, 592 [29] führt auch an: „de nigro helleboro hunischwurz; ferner in der Anmerkung (l. eod.): elleborum nigrum hv̊nischwrz vel schterwurz (= süchterwurz); sowie (l. eod. 585 [11]): Hesbura (= Helleborus) hunichischie vvvrz; die „Hühnsche" ist der Milzbrand, der aus dem Hünschen- oder Ungarnlande hereingebracht ist (K. N. B. 242ff.), gelbe Hühnsche ist in der Schweiz = gelber Knopf- oder Milzbrandbeule, ein Anfangsstadium des Milzbrandes. Heunwurz (herba hunisca; Wackernagel, Wessobrunner Gebet 82) ist in Tirol = Helleborus (v. Dalla Torre 35). Die Wurzel des Helleborus „Gillwurz" dient als Streifwurz oder Haarseil (setaceum), das am Vorderbug oder in der Nase bei der sog. Gilbe (= gelber Knopf) oder Gille (s. K. N. B. 188) der Schweine durch die Ohren (v. Dalla Torre) gesteckt wird. In der ehemals deutschen Franche-Comté ist le gihhe (Gilbe) = Milzbrandrotlauf (Mélusine I, 499); gilben = ein Haarseil mit der Gillwurzel setzen (v. Dalla Torre). An der Haarseilstelle ballt sich die Haut stärker auf und bildet eine Geschwulst, welche in Frankreich „encoeur" heißt, daher auch Helleborus = herbe à l'encoeur (Rolland I, 79, 78 Anm.). Diese Verwendung der Nieswurz in der Veterinärmedizin geht gewiß auf alte Zeiten zurück, und es ist nicht unwahrscheinlich, daß der Name „Hemern" für Helleborus durch den Viehhandel aus dem Slawischen nach Deutschland gekommen ist; mit dem Vieh und seinen Krankheiten zogen auch die betr. Behandlungsmethoden ein; daher heißt auch der Helleborus „Schelmrose", „Schelmwurz", „Brandwurzel", „Gillwurz", „Wrangkrut", „Wrangwurzel", „Heunwurz", „Kropfkraut", „Feuerkraut"; man wollte den Viehschelm (= Milzbrand, Rankkorn usw.) damit behandeln. Nieswurzzweige, die den Viehschelm fern halten sollten, hing man auch in Stallungen als Apotropäon auf (Rolland I, 85). Daß eine solche heftig wirkende Pflanze als Sitz einer Mar (= Totengeist) ehemals angesehen werden konnte, ist wohl erklärlich; die Mardistel (Eryngium und Viscum album) aber konnte überhaupt mit der Nieswurz nie verwechselt werden.

Wir haben bisher schon öfter die Gelegenheit gehabt zu betonen, daß die ältesten germanischen Heilwurzeln oder Heilkräuter hauptsächlich in der Nähe der menschlichen Hofreite zu finden sind; am Zaungehäge, ahd. hag, ags. haga, gedeihen Gundermann, Efeu, Heimwurz, Geranium Robertianum, auf dem Menschenwege der Wegerich und Wegetret; um die Stallungen die Ampfer(Blätschen)-Arten, Tocken, guter Heinrich, Mangold; am Hause die Hauswurz, Heimwurz, Holler, Nessel, Hasel.

Das Gehäge bildet der Schlehdorn, ags. slahþorn, die Hasel und der altgermanische **Hagedorn** oder W e i ß d o r n (Spina alba, ῥαμνός, ags. hægþorn, engl. hawthorn).

Er trägt auch die Namen Weißdorn, Rosendorn, Felddorn, Weißdornrose, Rothagen, Hagebutte, Zaunrose. Für diese Dornsträucher, die das vorgermanische kagh, altgall. caium, 5. Jahrh. Kai (franz. quai), Kluge [6], 157, bildeten, hatte der Germane auffallend viele Bezeichnungen, die alle das Bergende, Hägende bedeuten; es sollte vor dem Eindringen böser Tiere und auch vor Dämonen (Hagweib = Hexe) die Schlafstätte von Mensch und Vieh sichern. Alles, was innerhalb der dornigen Hofreite lag, gehörte zum Schutzgebiet des Hausgeistes, der an der Herdstätte seine Verehrung erfuhr, auch im Zaungehäge (Hürde), wo er ebenfalls Speiseopfer erhielt wie ein Hausgeist. Nach Rolland 162 erhielt der aubépine (= alba spina) im Pays d'Albret Salz und

Brotopfer, das man mit bestimmten Sprüchen hinlegte; auch half der Weißdorn beim Loosen und Fischfangen, wenn man vor ihm betete. Vor allem bringt aber der Hagedorn oder Weißdorn ruhigen Schlaf, durch die Natursymbolik, die durch den Kult vermittelt wurde. Innerhalb dieses Haus und Hof vor Tieren und Geistern sichernden Gehäges*) wachsen die ältesten Heilkräuter der germanischen Kulturperiode, unterm Hag, an dem Zaune, wo sie rankend und auf dem Boden kriechend zu finden sind, sogar die durch einen Zaunring gewachsene Hasel hat besondere Zauberkraft durch den Hausgeist, namentlich gegen Viehkrankheiten (Zahler 118), ja selbst schon der Zaunring allein hilft gegen die Viehräude, weil das Weidevieh seine Parasiten am Zaungehege bestreichen kann und diese durch die Zauberkraft des häuslichen Gehägegeistes ferngehalten werden. Von der Sicherheit, Dichte und Festigkeit dieser lebenden Dornhecke war die Tiefe eines ruhigen Schlafes für Mensch und Haustier abhängig; kein Wunder, wenn wir also bei den verschiedensten indogermanischen Völkern den Naturmythos des Schlafdorns finden (s. Dornröschen-Thalia von S. Vogt in Germanist. Abhandlg. XII, 195).

In indischen Märchen schlafen die Mädchen auf dem Weißdorn liegend ein (l. eod. 203). Im isländischen Märchen sticht der Stiefvater das Dornröschen unmittelbar vor der Entbindung mit dem Schlafdorne (l. c. 211). Den Dornröschentraditionen bei Nordgermanen und Griechen liegt ein Stück indogermanischer Gemeinschaft zu Grunde, meint Vogt (l. c. 234), d. h. jene Gemeinschaft primitiver Kulturperiode, in der der das menschliche Heim schützende Weißdorn zum Symbol des Schlafes werden konnte; so der isländ. svefnþorn (1664, Z. d. V. f. V. K. 1903, 275, 277); schon im Sigrdrifu Mal (Jordan 360) sticht Odin die Walkyre Brynhilda mit dem Schlafdorn und versenkt sie dadurch in tiefen Schlaf. In Island ist der Ausdruck „Schlafdornstechen" = auf zauberhafte Weise jemand in Schlaf versetzen, nicht bloß durch den Schlafdorn, sondern auch durch das Aufhängen eines Hundeherzbeutel und

*) Noch im 13. Jahrh. bestand der Hofzaun in den Städten Deutschlands aus Rutenlagen (Lippert: Die Burgen Athens waren nach Herodot VII, 142 mit Dorngehege umzäunt).

Einlegen von Eichenrinden-Runen unters Kopfkissen, wobei das Runenzeichen sol  = Sonnenstrahl ist (Z. d. V. f. V. K. 1903, 275, 1898, S. 288). Der Schlafzauber hörte erst auf, wenn diese Mittel vom Lager weggenommen wurden.

In der Dichtersprache der älteren Edda (Hrafnagaldr Odins v. 26, Jordan 199) schleicht die Nacht herunter nach Niflheim als „die mit dem Schlafdorne Betraute“, welche mit dem abwehrenden Dornstrauche das fremde Nachtgetier fern hält. Dieser Symbolismus des Dorngehäges kehrt auch bei Griechen und Römern wieder. Mit dem Weißdorn wurde die Wochenbettsgöttin Carna (= Corna: cornus mas) vom Gotte Janus (janua, die Lichtpforte am römischen Hause) mit den Worten beschenkt:

„Hoc pretium positae virginitatis habe!
Sic fatus spinam, qua tristes pellere posset,
A foribus noxas, haec erat alba, dedit.“

(Ovid. Fasti VI, 130.)

Man legte auch den Weißdorn, das Geschenk des Hausgottes Janus, dahin, wo ein kleines Fenster den Schlafgemächern Licht gab.

„Virgaque Janalis de spina ponitur alba,
qua lumen thalamis parva fenestra dabat.“

Man sieht wie der Kult das übernommene Schlafsymbol sich aneignete. Der *ῥάμνος* half gegen *φάρμακα* und *φαντάσματα;* man hing ihn *ἐν τοῖς ἐναγίσμασι* bei den Totenopfern vor die Türe; an den Choën (Totenopfern) kaute man *ῥάμνος*-Blätter beim Morgenausgang; mit Weißdorn reinigte man besonders das Haus und beim Hochzeitszuge wurde eine Fackel aus Spina alba zu Reinigungszwecken gebrannt. Der empirische Hausschutz wurde zum Symbol und dieses zum rituellen Kathartikum; die Zweige des *ῥάμνος* wurden vor der Türe oder draußen hingesetzt, um den schädlichen Einfluß der giftigen Tiere und Gifte überhaupt abzuhalten (Dioskurides I, 119); er verschließt auch das Geburtsschloß des Weibes (V. V. M. II, 514).

Diese antike Wertschätzung des *ῥάμνος* macht sich auch in der ahd. Übersetzung (13. Jahrh.) adildorn = Edeldorn bemerkbar (Steinmeyer, III 467).

Als Hagedorn sah man auch die Heckerose an, deren bartiger Auswuchs „Schlafapfel“ (1685) oder „Schlafkuntz“ (1685) oder „Schlaf“ bezeichnet wurde; in der deutschen Volksmedizin sollte er das Schreien der Kinder (pavor nocturnus) fern halten; an der Eifel heißt er „Herrgotts-Kissen“. Im 13. Jahrh. ist dieser Schlafapfel mit bedagar = wite dorn (Steinmeyer ahd. Gl. III, 526) = rosa silvatica (l. eod. IV, 363) glossiert; aus dem 15. Jahrh. führt Schmeller II, 507 an: Bedegar, fungus qui nascitur in arbore rosae (caninae) vulgariter schlaff“; dieses Bedegar stammt aus dem arabischen beda-ouard (Rosenwind) (Rolland 246), es ist der Schlafkuenz, Schlafbart, Schlafputz, Rosenzopf, Rosenschwamm, wie schon erwähnt ein zottiger, moosartiger, bartähnlicher Auswuchs auf der Hundsrose, durch den Stich einer Gallwespe veranlaßt, der auch im Dalmatinischen spanak = Schläfchen heißt (v. Hovorka); er wird zum Einschläfern (an Stelle des Dornzweiges) unters Kopfkissen gelegt, wie bei den Römern der Weißdorn und Wegedorn gegen alle noxae strigae, die die Eingeweide der Kinder fraßen, an Türen und Fenstern aufgehangen wurde, „ῥάμνον τε καὶ κλάδον δάφνης ὑπὲρ θύραν ἔθηκεν“ (Bötticher, Baumkultus der Hellenen 360 ff.).

Drei Hagebutten am Weihnachtsabend (= Neujahr) zwischen 11 und 12 Uhr (Dämonenschwärmzeit) dem Viehe gereicht, sichert dieses das ganze Jahr hindurch vor Rauschbrand (eine schelmische, d. h. dämonische Krankheit) (Zahler 27, 47). „Des Hagedorns Samen ist den Kindern gut, die ihr armes Leben beleidigt haben an der Bewegung (= Rachitis); ebenso ist es gut für den Zahnsiechtum und für das Blutraech“ (s. K. N. B. 490) (Manuskript). In Flandern ist eine Abkochung von Hagedornbeeren ein Mittel gegen Magenschmerzen (De Cock 171), vermutlich der Kinder; die mittelste Rinde des Weißdorns war im Niederländischen ein Amulett gegen das Schreien der Kinder (De Vreese 120).

Man sieht, wie empirisch die Verwendung des Hagedorns ausartete, dessen Ausgangspunkt der Schutz des Menschen*) war.

*) In der hebräischen Fabel sagt der zum König erwählte Weißdorn: „Wenn ihr mich im Ernst zum König über euch salben wollt, so kommet und berget euch in meinem Schatten“ (Lundgreen 149 ff.).

Das symbolische Schlafmittel führt uns nun zu den germanischen Narkotika.

Die Erfahrungen, daß in den Kräutern und Wurzeln auch unholde Kräfte verborgen seien, mußte wohl schon sehr früh gemacht werden; solche „üble Kräuter“, „Unkräuter“ sind meist narkotisch wirkende, „toll“ „wütend“ machende Pflanzen, Zauberpflanzen, deren Ausgrabung für den Krauterer von Gefahr war; so wird bei den Ungarn die Belladonna (große Graswurzel dort genannt; sonst Schlafbeere, Schlafkirsche, Wolfsauge, Schlafkraut), eine vermutlich erst im Mittelalter von Osten her zugebrachte Pflanze, in der St. Georgennacht nackt unter Darbringung eines Brotopfers wie an einen elbischen Unhold ausgegraben (Z. d. V. f. V. K. 1894, 394, 397, V. V. M. II, 176).

„Tollkirsche“, „Teufelskirsche“, „Teufelsgäggle“, „Rasewurz“, „Wutbeere“, „Waldnachtschaden“ sind die späteren Namen. Pritzel-Jessen führen aus der Physica Hildegard (Gralop) dolo, dol als Namen der Tollkirsche an; ob mit Recht steht dahin; Steinmeyer ahd. Gl. III, 472 gibt: dolo = Uada = alada (= Nieswurz s. o. S. 84). Jedenfalls geht die Belladonna nicht über das 12. Jahrhundert in Deutschland hinaus und ist auch keine altgermanische Heilpflanze, wenn sie auch im heutigen Germanien vorkommt.

Das **Bilsenkraut** ist gemeingermanisch: bilina oder beluna [zu Bellinus = gallischer Apollo; daher auch Apollinaris genannt]; ahd. bilisa (bili-samo?); ags. beolene, ndh. belne, beolon, belonœ; aschw. bölma; norweg. bulme-urt, lat. griech. hyos-kyamos = faba suilla, Saubohne, Saukraut, Schwinekrud. Die Germanen erhielten dieses gallische Narkotikum (Belinuntia, ein Pfeilgift?) vermutlich von den Kelten; da es auch zur Alterstötung verwendet worden zu sein scheint, nannte man es auch „Altsitzerkraut“. Die narkotische (magische) Wirkung, die in allen Pflanzenteilen enthalten ist, geben die Namen wieder: Schlafkraut (Hypnotikon), Rasewurzel, Tollkraut, Dullkraut, Zauberkraut, Prophetenkraut (Pythonion), Zigeunerkraut, Teufelsaugen; österr. „Nifelkraut“, das man mit dem Niflheim des nordgermanischen Mythos in Verbindung bringen wollte (!?), heißt es, weil es gegen das Niffeln, Jucken, Scharren (s. K. N. B. 447) Verwendung fand. Als Zauberpflanze mit schädlichen Wirkungen konnte das Bilsenkraut nur ein nacktes Mädchen, das dem Zaubergeiste übergeben wurde, ausgraben (Wascherschleben 664, Mone, Nordisches Heidentum II, 417). Schröder (943) schreibt: „Trallianus bereitet aus der Wurzel ein podagrisches Amulett, er sammelt nemlichen selbe wenn der Mond im Wassermann und Fische gehet vor der Sonnen Aufgang und rühret die Wurzel nicht an, sondern gräbet solche mit einem Gebein von einem verstorbenen Thier aus und gebrauchet dabey sonderbare Beschwehrungswörter". Die Unholden-Kraft oder der Geist in der hypnotisch wirkenden Zauberpflanze konnte auf solche Weise in Besitz genommen werden.

Über die Verwendung des schon den Babyloniern, Persern, Arabern, Puniern usw. bekannten Bilsenkrautes bei den Römern und Griechen wollen wir hier schweigen. Die Griechen nannten es auch *συμφωνια* (D. I, 535), vermutlich wegen der toxischen Gehörshalluzinationen, die es verursacht. Daß bei den Deutschen die Pflanze ehemals weit bekannter im Volke war als heutzutage, erhellt aus den Ortsnamen „Bilsensee", „Bilsengarten".

Toxische Gehörshalluzinationen gaben wohl auch die Veranlassung zum Regenzauber „cum herba jusquiamo quae teutonicè bilisa vocatur" (Schmeller I, 237). In den Badhäusern wurde der Bilsensamen auf die Ofenplatte geschüttet, es machte „daß die badenden Leute, die in den Badwännlein saßen, mit diesen aneinander stießen" (Schmeller I, 208). Bilsenkraut mit Mohn und Theriak ersetzte in den deutschen Operationssälen des 15. Jahrhunderts das Chloroform (Rose). „Die allgemeine Verbreitung des Bilsenkrautes zeigt, daß die Pflanze zur Bereitung eines Rauschmittels — sicher des allerältesten — angebaut wurde" (Meyer in Corresp.-Bl. f. Anthrop. 1894, S. 122); der Bilsenkrautsamen wurde auch früher (1649) ins Bier gegeben (Höfler, Volksmed. 135). Die Verwendung als „Zahnkraut" hat v. Oefele bereits erklärt als altbabylonisches Rezept. Über die Verwendung des Bilsenkrautes (bulme-urt) in der klassischen Medizin hat Fonahn (Pharmacia 1905, Nr. 15—16) eingehend berichtet. Als Scopolamin (F. Schmidt) wurde es wieder aus seiner Vergessenheit in den rationellen Arzeneischatz eingeführt.

Zu betonen ist, daß auch die Bilsenkrautblätter auf Brot genossen wurden (Dioskurides IV, 69), wie die Mohnkörner, daß also der Versuch, das Bilsenkraut zu genießen, zuerst von dem Nahrungsbedürfnisse veranlaßt gewesen sein dürfte; der Bilsensamen enthält 28% fettes Öl (Berendes 62).

Altgermanisch ist trotz seines Ursprunges im Mittelmeergebiete der schon in den Pfahlbauten der schweizerischen Steinzeit gefundene **Mohn** (Magen). „In Robbenhausen (Schweiz) kam ein ganzer Kuchen von verkohltem Mohnsamen (Papaver somniferum) zum Vorschein, der aus Tausenden kleiner zu einer Masse zusammengebackener Sämchen besteht. Es scheint also, daß die Samen in Form von Mohnkuchen genossen wurden; doch wurden sie außerdem wahrscheinlich in erster Linie zur Ölgewinnung (Speisefett) benutzt. Auch die berauschenden Eigenschaften des Mohnsamens durften den Pfahlbauern schwerlich entgangen sein" (Hoops 298). „Die Verbreitung des Namens (*μήκων*, mekonium = opium; urgerm. magan; vorgerm. mêkon; ahd. mago; mhd. mage, mâhen; altschwed. val-moghi; ndl. maan-kop), der in allen europäischen Sprachen außer dem Italienischen und Keltischen gemeinsam ist, zeigt, daß die Pflanze den indogermanischen Völkern Europas von frühen Zeiten an bekannt gewesen sein muß" (Hoops 474). Man sieht also auch hier, daß neben der Suche nach nährenden Vegetabilien (Speisebäume, Körnerfrüchte usw.) auch die nach schmerzstillenden Pflanzenmitteln einherging, oder daß letztere ebenso als reife Frucht den Nahrungssuchern in den Schoß fiel, wie die Erfahrung des Tannins bei der Eiche — ahd. tanna = Eiche, Eichenloh —, die der Kräftigung (Antiphthisicum), die der Erhöhung der Fruchtbarkeit durch fettreiche Speisen (Nüsse, Körner usw.) oder süße Pflanzensäfte und Wurzeln (Birkenwein usw.). Die nächste Folge wird dann gewesen sein, die Mohnarten nach ihrem Fett- oder Mekoniumgehalt zu erkennen, durch Anbau oder Kultur dieser Arten die Nahrungs- bzw. Heilzwecke zu befriedigen, wobei jedermann zugeben muß, daß das Bedürfnis nach Nahrung (Fett) stets das allgemeinere, weit dringendere gewesen sein muß. Wenn wir also später Bilsengärten, Lauchwiesen, Lauchgärten, Hanfgärten, Mohnäcker, Magenfelder*)

---

*) Schon Homer (Ilias VIII, 306) nennt den „*μήκων ἐνὶ κήπῳ*" = Gartenmohn als Ölpflanze.

finden, so sind das Kulturen, die das Bedürfnis nach fettreicher Nahrung in erster Linie schuf, und die der nordische Kult in der Dichtersprache dann zu Genesungsstätten und Heiläckern machte, wo der Heilgott seine größten Wunder übte (Odâinsackr); dort wuchsen die ersten nährenden Kräuter nach des Winters langer Hungerzeit. Mohnöl und Mohnkörner hat auch der griechisch-römische Kultritus als Seelenopferspeise aufgenommen, während der Mohn den semitisch-jüdischen Kultursphären ganz fehlt. Gerade die Aufnahme des Mohnsamens in den Kultritus (panes papavere sparsi = μακωνίδες ἐνθαλάμια) spricht für die primäre Wertschätzung des Mohns als Speisefett; erst in späterer Zeit wurde dann die Mohnblume, Mohnkapsel zum Symbol des Schlafes wie die Blüte des Weißdorns und zum Schutz gegen nächtliche Quälgeister aus dem Totenreiche (A. f. R. W. XI, 405, V. V. M. II, 251).

Die alten Römer aßen den Mohnsamen nach Plinius XIX, 53 geröstet und mit Honig beim Nachtische, oder man streute ihn auf das gewöhnliche Bauernbrot, das mit einem klebenden Ei bestrichen war; auch bei Dioskurides IV, 64, 65 wurde die gebaute Mohnart als fettreiche Brotbeigabe mit verbacken als Honigkuchen.

Die alten Gallier nannten den wilden Mohn calocatanos (= coquelicots) und gebrauchten ihn zerrieben auf Ziegenmilch; denn der im 4. Jahrh. nach Chr. lebende Marcellus Empiricus (XX, 38) schreibt: „Fastidium stomachi relevat papaver silvestre (= Feldmohn) quod gallice calocatonos dicitur, tritum et ex lacte capruno potui datum." Wenn Karl d. Gr. in seinem Capit. devillis den Anbau des Gartenmohns, papaver somniferum, auf seinem Meierhöfen 812 empfahl, so geschah dies jedenfalls nur wegen der medizinischen Nebenwirkung dieser Mohnart (= Papaver nigrum Plinii XIX, 53, XX, 76), dessen eigentlichen Opiumsitz die Mohnköpfe bilden, die das Mekonium fließend (rhoeas) absondern. Sowohl der wilde oder Feld-, wie der Gartenmohn haben die schlafmachende Wirkung. Der Tiroler ißt sog. Magschoaten als Festspeise in Form von scheitenförmigen Semmelschnitten in Milch mit Honig begossen und mit „Mâgen" (= Mohn) bestreut. Der Bezug des narkotischen Mohnkopfsaftes vom Ausland überwog sehr bald den einheimischen Vorrat; der Gartenmohn wurde immer mehr nur eine Ölpflanze, „Ölmagen", die 1784 im Zillertale noch angebaut ward, trotz des Importes des Gardasee-(Garzer)öl (1761), Baumöl aus Venedig bzw. Korfu. Konrad von Megenberg 414 sagt: „Papaver haizt mâgenkraut; sein sâm ist guot zu arznei und pringt slâf und senftigt in vil dingen und negt (nährt) auch in vil sachen."

In Flandern heißt der Mohn auch bloed-zuipers-bloem, weil die schlafmachende Pflanze helfen sollte gegen die dämonischen Geister, die am Blute und den Eingeweiden vampirartig saugen und so das Vergicht der Kinder verursachen. Der Glaube an die schlafmachende Wirkung des Mohns ist in Rumänien so hoch, daß dort das bloße Liegen neben dem Mohn schon einschläfert, wie das Liegen neben dem schützenden Weißdorn; er sichert in Preußen auch vor dem Nickel-Kobolde (= Nickelruh).

Die Angelsachsen nannten den Mohn popœg, papœg, popig (zu: papâver, papula), also nach lateinischer Literaturquelle, welche Bezeichnung den einheimisch-germanischen Namen mâgan verdrängte, während dieser wieder im Süden den lateinischen (römischen) Namen papâver so verdrängte, daß der Mohn (mâhan) ins Vulgärlatein (mahonnus, mahunus, manus) überging (Hoops 475, Schrader 546).

Eine nur den hochdeutschen Germanen übliche Bezeichnung für das narkotische Conium maculatum (mlat. canna), *κώνειον* Dioskurides und Cicuta virosa (beide „Wasserschierling" und „Landschierling" wurden als „Schierling" zusammengefaßt) ist der **Schierling**, Scherling oder Schårling. Das griech. *κώνειον* bedeutete eigentlich nur den Schierlingssaft, nach dessen Genuß man sich schwindelnd im Wirbel (*κῶνος*) drehte. Dioskurides IV, 79 führt als griechische Namen, die die Wirkung der Pflanze kennzeichnen, an: *αἴγυνος* (Scharling oder Ziegenkraut, Ziegendill wird heute noch gerne den Ziegen gegeben zur Erhöhung des Milchflusses), *ἤθουσα* (Siegekraut, mhd. sigue, Milchkraut, Pritzel-Jessen 99), *ἀπολήγουσα* (Verzweiflung bringend), *δολία* (= tückische), *ἀμαύρωσις* (= Schwächung), *παράλυσις* (= Verfall, Auflösung), *ἄφρων* (= ohne Verstand), *κρηΐδιον* (dill-ähnlich, Ziegendill), *κοίτη* (Schlaf), *κατεχομένιον* (= das zurückhaltende), *ἀβίωτον*

(= ohne Leben), ἀψευδής (ohne Trug), ἀγεόμωρον (ἡγέομαι-μωρός = dumm, toll machend, „Dullkraut", „Tollkerfel"), τιμωρόν (= herba venerata), πολυανώδυνος (viele Schmerzen lindernd), δαρδανίς (Sohn des Zeus?), κατάψυξις (kalt machend im Kollaps der Narkosis), Ὀσθάνης βαβάθυ (= ? Kinderstubenwort?).

Die Pflanze hat ihren südgermanischen Namen (ahd. scarno; sceriling scirelink, Deminut. zu scaro) von dem althergebrachten Brauche der Ackerleute, die starrigen Rohrstengel des ausgewachsenen Krautes aus dem übrigen Schnittheu vorher auszuschneiden (ahd. scaro = Messer, Schar), die ausgeschnittenen Pflanzen dann aufzuhäufen und den Ziegen zum Futtern zu geben, deren Milchfluß dadurch sich steigernd zum Sickern kommt. Das Gift (Coniin) steckt in allen Teilen der Pflanze; das norwegische Mittelalter kennt sie nur unter dem allgemeinen Namen dunc = þung, wodendunk, wedendunk (Fonahn 27, Jessen 99); im Angelsächsischen heißt sie: wôde-hwistle [= Wutröhre, „Pfeifenkraut", ndd. wedewesle]; huymblico, hymelic, hymleac, hemleac, haumileac, auch: hemlic (Hoops 616, D. I, 118, Kluge [6], 338, Schrader 710); engl. hemlock = Hanflauch (?); die Bezeichnung „Wutschierling", die ahd. wuotscerling, wode-scerne und wotich lautet, ist wohl erst aus der Literatur entnommen worden.

In den sehr alten Prudentius-Glossen (Steinmeyer II, 459) steht: „cicutas = scoto pint scarnin herba scerelinc;" scoto = scotto, battudo, kernmilch, Milchknollen. „Kalberkern" 1519 (Pritzel-Jessen 107, K. N. B. 266) hat sehr wahrscheinlich Beziehung auf die Behandlung von Milchknollen in dem Euter der Kälberkuh durch den Schierling (= Kälberkern, Conium, Pritzel l. c.), den man darauf band; eine uralte Hirtenbeobachtung dürfte dahinter stecken. Als milchtreibendes Mittel wurde es auch ein Mittel der deutschen Volksmedizin gegen Knollen in der weiblichen Brust (Krebs) (1685), „bey denen Weibern die Milch aus denen Brüsten damit zuvertreiben" (Schröder 875). Bekanntlich ist das offizinelle Coniumpflaster bis auf unsere Tage als Brustkrebsmittel versucht worden. Das deutsche Volk, das auch die Petersilie damit verwechselt, kennt die Giftwirkung erst durch die Schule. Die diesbezügliche Giftkenntnis ist den Deutschen und Nordgermanen wohl zuerst durch die antiken Schriftsteller vermittelt worden; deutsche von der Antike unabhängige Ausgrabungsvorschriften existieren, wie es scheint, nicht; auch fehlt die Bezeichnung Wolfskraut, die sonst von den Germanen den giftigen Pflanzen beigelegt zu werden pflegte; die ags. Bezeichnung thunc ist eine so allgemeine Giftbezeichnung, daß aus ihr allein das germanische Alter nicht entnommen werden könnte; außerdem fehlt eine gemeingermanische oder auch nur gemeinsame westgermanische Bezeichnung der Pflanze; im Volksaberglauben und in der Volkssage kommt der Schierling nicht vor. Die lateinischen Lemmata sind: Conium (mlat. canna, Rohr, ist wohl an dies angelehnt); (überwiegend) cicuta; außerdem Sola regia (sola rega, solaras, soroliga, soloraga), dessen Deutung noch aussteht, wenn es nicht als solanum zu verstehen ist. Wides wispele = Wutpfeife (St. III, 538, 593, cicutas = hemara s. o. Nieswurz). Sicher nicht auf Solanum bezieht sich auch die ahd. Glosse: rāmisada, dolewrz (III, 49) = stringnum (στρύχνος), ramêsdra, ramestra (III, 104, 172) = strignum ramesadra (III, 198); ramese, Römisch (= Rämsch III, 566); stringnum vel strignos vel herba salutaris vel viua (= uva) lupina ramestra (III, 592 Anm.); dies ist = Allium ursinum L. (s. u.).

Ein echt germanisches Narkotikum war der **Nachtschaden** Solanum nigrum, Solanum Dulcamara στρύχνος, ahd. nahsato, nahtschado, holl. nagtschade, dän. natskygge, ags. nightscada, mengl. nygteschode, engl. nightshade, med. nachtschaden, mndl. nascade. Seine sonstigen Namen sind entsprechend seiner vielseitigen Verwendung zahlreich; doch wollen wir erst die gemeinwestgermanischen Namen „Nachtschaden" hier erklären. Unter Verweis auf des Verf. K. N. B., S. 549, woselbst die Krankheit „Nachtschaden" eingehender dargestellt ist, ist die Pflanze Nachtschaden (nicht Nachtschatten) diejenige, welche gegen diese Krankheit hilft; daß dahinter ein nächtlicher Weile schädigender elbischer Dämon steckt, ist sicher; dieser sollte durch die Verkörperung eines noch zauberkräftigen anderen elbischen Dämons in der Pflanze bekämpft werden, d. h. die nächtliche Unruhe des Kranken durch ein narkotisches Mittel beschwichtigt werden („Schadenwurz", mhd. schatwurz). Ein einziger Blick in des Verfassers Krankheitsnamenbuch (l. c.) muß jede andere Deutung hinfällig machen. „Schade" ist ein Schadalp (Schatolf), ein

Dämon, der beschädigt; er wird in einem deutschen Segenspruche (Haupt. Z. V. 380) zum fortschleichen bewogen und auch mit Weihnachtsbrot beschwichtigt (Zahler 44, 47); Nachtschaden ist der nächtliche Alpdämon, pavor nocturnus; Nachtschatten ist nur spätere Entstellung (Schaden und Schatten beruhen vielleicht auf gleichem Etymon). Daß es sich um die Verkörperung eines germanisch-elbischen Unholdes in der Giftpflanze handelt, beweisen: 1) das ags. ælfdone, œlfþone = Alpranke (De Cock II, 368, Hoops 256), ostpreußische Alfranke, das schlesische Alpkraut, schwäbische Alpranke, Alpschoß (Jessen 381); 2) die Verbindung mit dem Wolfe: ahd. woluesper, wolfbere, woluispere = solata (solanum) stringus (στρύχνος) hoc est uva lupina = Solanum nigrum (Björkmann 303), vua vulpis = nachtschede D. II, 387; 3) die Vorschrift, das Nachtschadenkraut zwischen den zwei Frauentagen zu sammeln (de Vreese 59, K. N. B. 549), welche Vorschrift meist bei Heilkräutern bzw. Giftpflanzen volksüblich ist.

Die übrigen Kräuterbücher haben (1440) nahtschett = herba litargum (lethargum) D. I, 333; (1417) nachtschede = morella herba, nocturilla herba, strignos, Zen. Voc. u. 6. Die alten Glossisten haben auch cacabus herba = schlaffkraut; cacubalum = nachtschatt, D. I, 86; was auf das cucubalus und halikakabos des Dioskurides IV, 72 hinweist, das jedoch Berendes 405 nicht auf Solanum, sondern auf Physalis Alkekengi deutet. Dioskurides IV, 73 sagt aber selbst, daß der schlafmachende Strychnos (= Solanum Dulcamara) Halikakabos genannt wird. Waldnachtschaden = Bella donna (Jessen). Nach ihren Verwendungen und Wirkungen heißen diese beiden Nachtschadenkräuter (Solanum nigrum und Solanum Dulcamara): Tollkraut, Dullbeere, Wutscherling, Giftblume, Mäuslholz, Museholt (Mäusegift), Geschwulstkraut (für Ohrendrüsenschwellung), Hühnsche (Hunds-, Günz-) Kraut, eine schelmische Viehkrankheit, Schweinerotlauf, (Saukraut) s. K. N. B. 243; Brustwarzen (Schrunden-) Kraut (De Cock 259, 280) gegen die Brustschmerzen durch offene Brustwarzen; der mnd. Bartscherer Meister Joh. Bartholomäus im 13. Jahrhundert gab den Rat wedder dat vur (Feuer s. K. N. B. 133): „nym huslok (Hauslauch, s. S. 79 Hauswurz) sap, nachtschadensap de ghele wortelen heft vnde vrauven melke, de er erste kynt soget vnd dat eyn knechthen sy", als Mittel gegen Brustdrüsen-Phlegmone. Zur Blutreinigung trinken die Bauern in Flandern (Luiken) vom März bis April morgens Nachtschadentee, eine Frühlingskur als Vorbeugung gegen den Einfluß des elbischen Nachtschadendämons (De Cock 277), der namentlich nachts die Kinder mit Leibschmerzen quält (Schw. A. f. V. K. 1903, S. 149). Das Bedürfnis nach narkotischen Mitteln hatte auch der Germane, der der Pflanze auch einen ganz echtgermanischen (nicht übersetzten) Namen gab.

Die Suche nach fettreichen Vegetabilien brachte den Germanen schon früh auch auswärtige Ölpflanzen zu, wozu auch der **Hanf** gehört, der aber wie der Bilsensamen und der Magensamen auch ein narkotisches Alkaloid enthält, das diese Ölpflanze den Völkern besonders wertvoll machte. Der Hanf (ahd. hanaf; ags. hœnep; an. hanpr; anorw. hampr; ndl. kennep; lat. cannabis; *κάνναβις* = Hanfnessel), der dem semitisch-ägyptischen Kulturkreise (wie der Mohn) im Altertum fremd war, wächst südlich des Kaspischen Meeres wild. Die Heimat seiner Kultur ist vielleicht auch in Südrussland zu suchen. „Wenn der Hanf und sein Name auch schon im 4. oder 5. Jahrhundert (v. Chr.) bis zu den Germanen vorgedrungen war, so braucht er darum doch noch nicht allen germanischen Stämmen in so früher Zeit bekannt worden zu sein. Bei dem Mangel jeglicher prähistorischer Funde ist es sehr wohl möglich, daß er zu den Nordgermanen erst verhältnismäßig spät gelangte, doch hatten ihn die Angelsachsen sicher schon vor ihrer Auswanderung kennen gelernt" (Hoops 472ff.). Der aus Indien stammende Hanf (Cannabis indica) hat sich später einen besonderen Ruf als Narkotikum errungen; schon in der Ajur-Veda des Susruta ist der indische Hanf als Betäubungsmittel bei Zahn- und Ohrenschmerzen erwähnt. Auch gegen die Schreckblattern der Kinder (Herpes mit Fieber) scheint man später den Hanf als Prophylaxis gegeben zu haben; denn Schröder 852 schreibt: „machet man aber mit Bier und Butter Brühlein darvon und trinket sie des Morgens nüchtern, so praeservieren sie beyn Kindern vor Kindsblattern". Am häufigsten wurde der Hanf zu Räucherungen als narkotischer Dampf verwendet (ebenso auch bei den Griechen und

Römern); diese alte Art von Verwendung, die Narkotika als Dampf durch die Atemschleimhäute einzuverleiben (Haschisch, Opium, Nikotin usw.) spricht dafür, daß man mit dieser Methode überhaupt zuerst auf die narkotische Wirkung der Pflanze aufmerksam wurde. An diese Hanfräucherungen mit narkotischer Wirkung knüpfen sich auch die vermeintlichen Wirkungen der Einwickelung schmerzhafter Glieder mit Hanfwerg „Haarbad" in der oberdeutschen Volksmedizin (Ersatz des Hanfbades) oder der Bähung mit Hanfkraut, eine Erfahrung vermutlich aus der germanischen Nomaden-Periode, wo in den Zelthütten Hanfgras zeitweise zur Feuerung benutzt worden sein dürfte. Wenn das Hanföl heute noch gegen das Keuchen der Pferde verwendet wird, so ist auch dies eine Ableitung aus jener Hanfräucherung (Z. d. V. f. V. K. 1898, 39).

Die Hanfkultur wurde aber im Mittelalter zumeist nur wegen des Hanföls, eines Fastenfettes (mhd. hanef-suppe) in eigenen Hanfgärten betätigt, damit erklärt sich auch, daß die ernährende Ölpflanze wie andere fruchtbarmachende Nährpflanzen als Heiratsorakel dient (V. V. M. II, 176).

Das germanische Lüppe [ag. lubbi = Gift; lyf = Arzeneimittel; ags. lybb = Gift, Heilkraut; an. lyb = Heilkraut, got. lubja = Gift; ahd. luppi = medicamentum, maleficum; luppewurz = aconitum napellus, Steinmeyer III, 485, IV, 370, herba lupparia usw.] haben wir bereits in unserem Krankh. N. B. 378 besprochen. Die Luppwurz heißt auch Eiterwurz (über Eiter s. K. N. B. 111) und Wolfsgift, Teufelswurz, Würgling, Hundstod, Ziegentod usw., sie galt auch ehemals als Pfeilgift.

Gemeineuropäischen Alters ist der vielleicht schon in indogermanischen Zeiten in wildwachsendem Zustande verwertete Ramser, **Rämsch** (Allium arsinum, Bärenlauch) ein Wort, das auch in Oberbayern noch üblich ist; im Schwäbischen und Allgäu heißt er „Ramsen"; manche Ramsau hat damit vielleicht Zusammenhang. Seine Etymologie: ist *κρόμυον* (*κρόμυσον* = Zwiebelart); germ. hroms; ahd. rāmes-adra (Steinmeyer III, 49, 104, 172, 198, 566, 592) = stri(n)gnum (falsche mittelalterliche Deutung); mhd. remese, 1482 romesor (= ader); ndd. rämsche, ramsche; Schlesien: rambs, ramisch, ramsel; Aargau: kremser; ags. hrǫmsan; engl. ramson; schwed. rams; ir. creamh; russ. čeremša; „also in allen europäischen Sprachen, außer dem Lateinischen" (Hoops 35); er wurde gewiß schon sehr früh als Gemüsenahrung und Heil-

7*

mittel verwendet; denn das Mittellatein bezeichnete ihn geradezu als herba salutaris (Steinmeyer III, 592), d. h. als Heilkraut; ebenso H. salvatoris = romesor (Zen. Voc.); H. saluiarum = rames ore (15. Jahrh.) D. I, 275; h. salutaris = rames adra, ramesöre (ader) D. I, 275, II, 201). Diese Lauchart, die als Heilmittel in ganz weitentlegenen Zeiten benutzt wurde, muß ehemals auch eine Speise gewesen sein; in Sibirien wird sie gekaut, mit Brot u. a. gegessen und gegen Skorbut verwendet (Oesterlen 406). Als solches altes Nahrungs- und Kräftigungsmittel (herba salvia) erfuhr es auch eine Verherrlichung im Volksglauben.

Uva lupina (Wolfsbeere?*), Steinmeyer III, 592) = ramestra (ramesader), vlninus [vlpitium] = rame (D. I, 625), ahd. 15. Jahrhundert), ramese (Steinmeyer III, 568; D. I, 625); vulpic(i)um = remese (15. Jahrhundert ndd.); D. I, 632; (13—14. Jahrhundert) paules (= vulpes) (D. I, 632), lat. ulpicum (Schrader 1006). Bär, Wolf und Fuchs sind germanische Seelentiere, die auch in Waldpflanzen sich verkörpern können; solche Zauberpflanzen werden nicht selten Zigeunerpflanzen („Zigeuner-Knoblauch") genannt.

Es verändert den Milchgeschmack stark ins Lauchartige (Vinyl-Sulfid). Blätter und Zwiebel waren früher offizinell (Hallier III) und wurden, wie fast alle Laucharten auch gegessen, namentlich von den Orientalen. Der Völkergeruch der Markomanen und Quaden, über welchen sich Marc. Aurel (Amianus Marcell. XX, 5, 5) beschwerte, mag in diesem Lauchgeruche seine Erklärung finden.

Vermutlich hat sich der Aberglaube von dem älteren Wald- oder Bärenlauch (Allium ursinum L. = Ramsen, Rämsch) im Mittelalter auf Allium victorale (Allermannsharnisch, Alpen- oder wilder Knoblauch) übertragen bzw. zurückgezogen. Noch heute holen sich manche oberbayerischen Bauern ihren Schnittlauch mit Vorliebe aus den höheren Bergen herab; dieser höher geschätzte Bergschnittlauch in Milch gesotten (wenn die Kuhmilch nicht schon nach dem Lauch der Weide schmeckt), soll nach alter

*) Als Wolfsbeere (uva lupina) auf Nachtschaden (Solanum) oder Einbeere (Paris quadrifolia) zu beziehen; vermutlich ist vulpina zu lesen. Die Pflanze hat stark ausgeprägte Gefäßbündel (Adern).

Erfahrung die Würmer aus dem Bauche der Kinder vertreiben. Über Allermannsharnisch, Harnischwurz (ein spätmittelalterlicher Name) siehe Wuttke 3, 127; Zahler 59, 70; Alpenburg 405ff.; er heißt auch „Lahn-Lauch" in den Alpen, weil er auf den Lahnen wächst; er hat mit dem altgermanischen Mythos keine Beziehung und wurde wegen seiner neun Häute (Hemden, „Siegwurz") auch zu allerhand Gegenzauber benützt; wie der Scharling auch zum Milchfluß der Frauen. (1685) „Siegwurtzel wird sie genannt, weilen die Ertzknappen sich darmit wider die Berggeister verwahren", vielleicht ein Wurmmittel gegen die Bergsucht (Ende des 16. Jahrhunderts) der Salzburger Grubenarbeiter, Anchylostoma-Anämie. (1685) „Der gemeine Mann, besonders aber die Juden, gebrauchen solche als ein Amulet vor die Gespänster und angesteckte Lufft"; „So hat auch ein Marckschreyer ermeldte Wurtzel in Seiden eingenähet und vor ein Amulet der podagrischen Schmerzen verkauffet" (Schröder 1093).

Der Bärenlauch führt uns zu dem urgermanischen **Lauch** überhaupt, dessen eigentliches Etymon allerdings noch fehlt; das Hauptmerkmal, der Lauchgeruch, dürfte sicher auch bei der Benennung mitbestimmend gewesen sein (ahd. louh, an. laukr, ags. léac, engl. leek, ndl. look, daen. løg, schwed. løker; Kluge [6], 238, Hoops 405) = Allium, Alium (zu lat. halare; anslum = stinkendes Kraut; Schrader 1005). Die Nordgermanen bezeichneten auch als Lauch jedes stattliche, frischgrüne und aufrechtwachsende Kraut: „heill ok rettr sem laukr" (Hoops 643); sie kultivierten ihn schon in vorrömischer Zeit in Lauchgärten (laukagarđr), die unter gesetzlichen Schutze standen (l. eod. 639, 641). Die Angelsachsen unterschieden bereits die Zwiebel (ўnne-léac = unio, Columella; franz. oignon) = Lauch, Unlauch (in Physica Hildegard). oder hwitléac (= weißer Lauch, dän. hwidelög) vom Porry (porléac, altnorw. purlök), Knoblauch (gār-léac, engl. garlik, altnord. geir laukr) und Schnittlauch (seč̄ġ-léac = porrum sativum); auch den Schierling (s. o.) bezeichneten die Angelsachsen als Lauch (hym-léac).

Die Nordgermanen unterschieden: hjalm-laukr (Halmlauch), itr-laukr (Edellauch), natt-laukr (Nachtlauch) (Hoops 644); was für Laucharten letztere Namen bedeuten, läßt sich nur schwer ermitteln.

Die ahd. Zeitperiode unterschied ebenfalls schon (Steinmeyer l. c.): chlobolouch (Knoblauch in Kloben zehenförmig gespalten, altnorw. klofflök, ags. glofwyrt), snitilouch (= porrum sectivum), priselouch, prieslauch (der am eingesäumten Gartenbeetrande wachsende Brißlauch = pretula brittlas im Cap. de villis), brachlouch (= enula, Inula helenium; emicedo = haemiseda, auf dem Brachfelde); blatlouch (= emicedo, haemasedum?); bieslouch (= serpilicum, thymus serpyllum, Satureja hortensis, Zwiebelhysop, kohl(beta)artig); groslouch (= bardana D. I, 74; Rumex); himellouch (= Cichorium Intybus, Hintlauf); huntlouch (= Hermodactylos, Herbstzeitlose III, 488, Jessen 105); [hobetloch, IV, 274, capicio, Hauptloch ist keine Pflanze]; unelouh, unloich (III, 403, 387, 471) = Union (franz. oignon) im Capitulare de villis als uniones aufgeführt, (13. Jahrhundert mnd.) dorueloc, wantloc (Kluges Z. III, 356) siehe Bugler (Artemisia); (13. Jahrhundert mnd.) donnerloc (= Crassula minor, Sedum acre, Hauswurz s. o. S. 73); ahd. husloch; mnd. husloc = Hauswurz (Kluges Z. III, 355) haben selbstverständlich zum germanischen Gotte Donnar keine Beziehung; mnd. kukukesloc = alleuia (alleluja) vel panis kukuli (Kluges Zeitschr. III, 355) = Oxalis acetosella.

Die verschiedenen ahd. Namen für Laucharten sprechen deutlich dafür, daß der Lauch eine damals ganz allgemein bekannte, zu Vergleichen leicht hergenommene, weil alltäglich auch durch den Genuß kennen gelernte Pflanze war, die damals schon in den verschiedensten (aus Gallien?) importierten Abarten kultiviert oder zu medizinischen Zwecken auch „eingetragen" wurde, namentlich in der Frühjahrs- und Fastenzeit, die auch auf dem Balkan den Knoblauch zur Kult- und Festspeise macht (Z. d. V. f. V. K. 1894, 313, 346, 394); auch im Anhaltischen gibt es einen eigenen Knoblauchs-Mittwoch (Z. d. V. f. V. K. 1897, 95). Eierkuchen mit Schnittlauch ißt man in Berlin am Gründonnerstag (Wuttke, § 86), in Böhmen als Apotropaeon (l. c. § 127).

Im alten Ägypten, wo die besseren und nahrhafteren Laucharten*) längst schon gezogen wurden, wurde er wie heilig verehrt (Sprengel I, 21, 50); ebenso bei den Indiern. Wer an den Theoxenien des Apollos der Mutter Leto bei den delfischen Griechen den größten Porrenlauch brachte, erhielt eine Portion vom Göttermahle (communio); es war stets ein besonderer Vorzug und Ehre, einen solchen heilbringenden Anteil zu bekommen,

---

*) Der Lauch enthält 2—4% Stickstoff, 0,1—0,9% Fett, 0,5—2,8% Zucker.

„*διατέτακται παρά Δελφοῖς τῇ θυσίᾳ τῶν Θεοξενίων, ὅς ἄν κομίσῃ γηθυλλίδα μεγίστην τῇ Λητοῖ λαμβάνειν μοίραν ἀπὸ τῆς τραπέζης*“ (Nilsson 161); *γήθυον* = Erdrauch, das lauchartig vom Boden ausdünstende Zwiebelgewächs, das bei den Slowaken als harntreibend gilt (V. V. M. II, 143).

Die Verwendung dieser Lauchgewächse zur Erkennung von Giftkräutern in der Speise reicht bis in alte, nordgermanische Zeiten zurück. Wie beim Gebrauche der in frisches Wildfleisch zur Konservierung eingesteckten Wacholderbeeren, so müssen auch bei dem Lauche (Zwiebel, Porry, Knoblauch usw.) gewisse Erfahrungen über antiseptische Wirkungen dieser Pflanzen gemacht worden sein, ein Glaube, der auch bei den Römern und Griechen gegeben war, weil diese annahmen, daß die Leichen der in der Schlacht gefallenen Krieger, die in der Nähe von Knoblauchbeständen lagen, weniger rasch verwesten. Nach Dodonaeus (1654) steckte man den Knoblauch nicht zur Geschmackveränderung in das Fleisch, sondern um dieses vor Verderbnis zu bewahren. Das mit Lauchöl durchdrungene Gericht galt dann ehemals als giftfrei; noch heute kommt auf das erstaufgetragene Gericht (Suppe) der Schnittlauch. Im ersten Brunhildenliede 8 der Edda (Jordan 361) wird Lauch ins Trinken geworfen (kaste løg i drikken), um durch dessen Verfärbung zu entscheiden, ob der Met-Trank mit Mordgewürzen (= Lüppe) vergiftet sei. In Schwämespeisen gibt man noch heute zur Erkennung der Giftigkeit durch Verfärbung Zwiebelschnitte. Der Glaube an diese antitoxischen und antiseptischen Wirkungen der Laucharten hatte gewiß eine Berechtigung, wenn auch nicht im vollen Sinne unserer modernen Antiseptik; jedenfalls spricht es für irgend eine diesbezügliche Volkserfahrung, wenn Konrad von Megenberg, der mittelalterliche Volksmediziner den Knoblauch „der geporn triackers“ nennt d. h. der Bauern Theriak („rusticorum theriaca“ Galenus), der ein Universal-Gegenmittel gegen alle Gifte, Pest und Würmer sein sollte. Im 13. Jahrh. ist der Lauch mit Honig ein antiseptisches Wundpflaster (Wiener Akad. Sitzungsbericht 71. Bd., S. 537). Nach Dodonaeus (1554) tötet der Lauch und jagt die Würmer aus dem Bauche der Kinder, wenn sie Milch, in der Lauch gesotten wurde, trinken. Der Lauch (Zwiebel) ist noch heute ein

Vorbereitungs-Kurmittel beim Abtreiben des Bandwurms. Wie die Wegerichwurzel (s. o.) so wird auch der hautreizende Lauchknollen ins Ohr gegen Zahnschmerzen (Zahnwurm) als Gegenreiz gesteckt, mit Wein gegen Bauchkolik (Würmer) genossen; Lauchsaft sollte wie der Hauswurzsaft haarlose Stellen wieder behaart machen (Satteldruck-Reibung wie beim Wegerich s. o.), welche uralte Verwendung aus der Urmedizin Dioskurides (II, 180, 181) auch auf menschliche Kahlheit ausdehnen läßt. In Dalmatien wird der Lauchsaft bei Bindehaut- und Hornhautentzündungen eingeträufelt (Vergl. V. M. I, 272). „Die Zwiebelhäute bildeten (in Tirol) neben Zunder und Spinngewebe ein beliebtes, freilich durchaus nicht antiseptisches Blutstillungsmittel" (v. Dalla Torre) (haema-seda?). Knoblauch in Milch gesotten oder roh gegessen, war ein Mittel gegen Lungenweh und Auszehrung (Zahler 66). Konrad von Megenberg sagt: „gesoten knoblauch sterkt die prust" (vielleicht so wie der Allermannsharnisch s. o.).

Altgermanisch ist auch die **Möhre** (morhô-in), die als Samenkorn bereits in den steinzeitlichen Pfahlbauten sich findet. „Die gelbe Möhre oder Rübe und eine Allium-Art wurden von den germanischen Völkern schon in der Zeit ihres engeren Zusammenlebens also in den letzten vorchristlichen Jahrhunderten kultiviert" (Hoops 297, 467); die Bayern und Schwaben kennen sie nur als „gelbe Rübe"; Karl d. Gr. empfahl den Anbau derselben in seinem Capitulare de villis unter dem Namen carnitas (= carota, Daucus) (Kerner); schon zu Dioskurides Zeiten (III, 52) wurde sie als Gemüse gegessen und als Arzenei benützt; ihr Heilwert hatte sich aber bereits vermindert gegenüber der wilden Möhre durch die Alltäglichkeit der Kultur; die wilde Möhre hatte nach antikem Volksglauben besonders gegen Schlangenbisse eine Verwendung als Gegengift (Plinius XXV, 64, Frieboes 657). Bei den alten koptischen Christen in Ägypten war die Rübe als Symbol sogar eine Totenbeigabe (Forrer 7, Achmim-Panopolis), also jedenfalls ehemals ein Totengottheitsopfer. Das stark natronhaltige Runkelrübenwasser (1685) empfahl schon Hippokrates oft (Fuchs II). „Äußerlich leget man die Ruben (gekocht) auf die erfrorne Füß und gebrauchts zu Gurgel-Wassern" (Schröder 1034). Der Kräutermannsche Zauberarzt 232 (1730) empfahl ebenso den Rübensaft und (nach Zahler 81) auch der Simmentaler Volksarzt „gefrorene Rüben“ als Heilmittel gegen erfrorene Glieder in einer Gemüsesalbe (similia similibus).

In Tirol ist allgemein die Dorfansicht verbreitet, daß jedermann, der über ein Rübenfeld geht, drei Rüben vom Acker wegnehmen darf, ohne einen Diebstahl zu begehen (v. Dalla Torre). Rübensaftwasser, Rübensalse und Rübenpflaster sind in Tirol und Oberbayern ein Universalmittel; als Speisepflanze ist die Rübe ein uraltes volksmedizinisches Mittel; schon in prähistorischen Zeiten hatten die Germanen die Rübe (*ῥάπος*; ahd. râba; lat. rapa) vom Süden herauf erhalten und in eigenen Beifang-Gärten kultiviert. Den Kohlrabi (rapacavlis) bezeichneten die ahd. als Rübengras (rûbgras) (Steinmeyer III, 108, 199).

Die Zaunrübe (Bryonia, Vitis alba) auch Heckenrübe, Hecken- oder Zaunranke gehört ihrem Namen nach zu den Heilpflanzen, welche wegen ihrer Vorliebe des Standortes in der Nähe der menschlichen Wohnungen und wegen ihrer eßbaren Stengelsprossen vom Volke verwendet wurden. In ags. Zeit hieß sie: hundes cwelcan = Hundsrübe, hwit wingeard, vitis alba; in ahd. Zeit tritt sie nicht auf unter den Pflanzennamen (das bei Pritzel-Jessen 69 angegebene hramca = hranca bei Steinmeyer III, 471, D. I, 624 ist angeblich nicht deutsch). Die Kräuterbücher des späten Mittelalters lehnen sich diesbezüglich zumeist an die Arzeneimittellehre von Dioskurides IV, 181, 182 an. Ihr ahd. Name heilige bere (Steinmeyer III, 526, 550) deutet darauf hin, daß sie erst in christlichen Zeiten zur Verwendung gelangte. Sie soll auch Liebe erwecken als „Körfchenwurzel“ (De Cock 51), das die Liebenden symbolisch verketten sollte.

Westgermanisch ist angeblich auch die **Kresse**, worunter das Volk hauptsächlich die Wasser- oder Brunnkresse versteht (ahd. wasser cresse, brunne cresse) = Nasturtium officinale, *σισύμβριον*, Dioskurides II, 155, mlat. crisonium), altengl. wotercresse, ahd. kresso; dän. kärse; ags. cœrse; engl. cress; norweg. karse; franz. gresson; ital. crescione (crescere?).

Nach Kluge [6], 226 ist das Etymon noch nicht gefunden, vielleicht die im Wasser wachsende Pflanze.

Die Angelsachsen unterschieden auch eine Lauchkresse und

Zaunkresse, ags. léac cressœ, lec cressae, Heyne, D. H. A. II, 326, D. I, 375; léac-cœrse id est tûn cœrse = Lepidium sativum; ndd. tuuncressa (Hoops 602). Die ahd. Zeitperiode unterschied ebenfalls die Zaun- oder Gartenkresse (gartcresse) = Lepidium sativum L.; ndl. thuyn kersse im Gegensatze zu der wilden Brunnkresse, Gänsekresse (gensecresse) = sanguinaria (Bursa pastorum, Täschelkresse), Blûtwurz (Steinmeyer III, 565); sie steht im Gegensatze zu der ahd. wilden Kresse = cardamus (Cardamine, Brunnkresse). Schröder 990 führt noch auf (1683): Wiesenkresse (Flos cuculi, Iberis, Lepidium minus s. sativum); D. I, 324; Jessen: Steinkresse, Wegekresse, Bergkresse oder Wildekresse (Eruca lutea s. barbarea, Erucaria aleppica?).

Die im Rachen etwas kratzende Pflanze wächst in geologisch reinen Quellen, „Kreßwasser", auch im Winter und ist besonders im Frühjahr auf Ostern ein sog. „Wintersalat" und als frischgrünes Kraut eine „blutreinigende" Panakee für alle Lungenkranke, Magenleidende und Auszehrende (auch an Skorbut Leidende), die sie auf Geismilch oder neben Badekuren (v. Dalla Torre 23) zu sich nehmen („Brustkraut", „Blutwurz"), um im frischgrünen Kraute neue Lebenskraft „ede nasturtium!" sich einzuverleiben. Wer den rohen Brunnkreß am Gründonnerstag ißt (wie beim Wegerich s. o. S. 18), der bleibt das ganze Jahr vom „Fieber" verschont; schon Dioskurides II, 158 gibt an, daß man die Kresse roh esse, wie noch heute allgemein geschieht; die frische Pflanze enthält ein die Rachenschleimhaut reizendes ätherisches Öl, Schwefel-Allyl; dieser Reiz treibt vielleicht auch durch reflektorische Peristaltik Würmer ab, weshalb in der mittelalterlichen norwegischen Medizin die Kresse ein Mittel gegen Bauchwürmer ist (Fonahn 32). Mit Sauerteig gemischt ist die Kresse ein Volksmittel gegen Karbunkel.

Der Jodgehalt des frischen Pflanzensaftes dürfte manche spätere empirische Heilung bei Nasengeschwüren, Bubonen*) und sog. Skorbut erklären, ebenso auch die schon in ahd. Zeit gegebene Volksmeinung, daß das Kraut auf die Blutverbesserung einwirke, doch ist letztere Erfahrung aus lateinischen Quellen geflossen; wie überhaupt der Verdacht auf frühromanischen Import der Ver-

*) „Prunkrezzsaft vertreibt dy veig pûchel der ez dar über leyt" (Schmeller I, 696).

wendung nicht abzuweisen ist; es knüpfen sich fast nur Gründonnerstags- und „Fieber" (febris) -Verwendungen an die Brunnkresse, deren Namen ohnehin sehr an latein. crescere gemahnt. Germanische Volkssage und germanischer Volksbrauch bleiben ihm sonst fremd; sie ist wahrscheinlich eine eingeführte und verwilderte Pflanze, „da der Name, der hier zuerst entscheidend wäre, weder als deutscher, noch als ausländischer und nur umgedeutschter sicher erkannt ist" (Heyne l. c.), wobei das Regimen scholae salernitanae das Interesse der Ärzte an der Pflanze wieder neu geweckt haben dürfte; von Süddeutschland aus kann dann die Gartenkresse auch in den Norden verbracht worden sein.

Gemeingermanisch ist die **Distel**, *κιρσός*, Cirsium, Carduus, Cardo, Cardopia, Dipsacus, Carlina, Eryngium, Endivia (= Intybus), Onopordon, Silybum, Helleborus, Chamille, Gentiana etc.

Das germanische Volk verstand unter „Distel" (ahd. distila, ndd. distel; ags. þistel; engl. thistle; anord. þistell, Kluge [6], 79) jede stechende spitzige, rauhkantige, hartblättrige Pflanze („Steckkraut"), so daß ganz verschiedene Pflanzenarten darunter fallen.

Die Goten bezeichneten die Distel als: wiga-deina (zauberkräftige Dohne, Reis, Kraftkraut) (Schrader 139).

Die Angelsachsen unterschieden:

smœlthistel = carduus D. I, 101 = schmale Distel im Gegensatz zur breiten; ags. se umbrada thistel = strobilus, scolymus cinara, Strobeldorn oder Artischoke (D. I, 519, 119);

die ahd. Periode: breit distele (III, 542) = Labrum Veneris;

gensetistel (III, 541), endivia (= Cichorium intybus) (Sonchus oleraceus, Pritzel-Jessen 383);

sudistel = lactucella III, 560 (Sonchus oleraceus);

hundesdistel = Chamomilla und Krötendistel (III, 144, 526) = Cotula foetida;

wolvesdistel, wolvestistele = Actaea spic.; meist aber = Wolfsdistel oder = Arnica montana, s. o. S. 6;

dudistel = paliurus (= Sonchus oleraceus); duthistol = scoliesmus (Cardo niger = Kartdistel) (III, 386, 719);

steindistel = arnica (III, 549);

megedistele = endivia (III, 541) (vermutlich = Silybum marianum, Mergendistel, Mariendistel, Pritzel-Jessen 378);

mardistel, mordistel = iringi (= Eryngium campestre), cardopan (Carlina acaulis, Cardo rotunda D. I, 100; maredioh = mardistel = marrubium III, 569, 542, 550, 560, 571;

sant Mariendistel = labium veneris (III, 560);

vehedistel, fehdistel = Eryngium campestre, Viehdistel IV, 414;

Die mndd. Periode (13. Jahrh.) hat: sudistele (Säudistel);

mordistele = iring (= Eryngia campestris, Kluge Z. III, 354), ummelopen Distel (Schiller L. II, 719) (= Eryngium camp.);

mhd. wolfsdistel = Arnica montana (Wohlverleih s. o. S. 6);

(1482) mardistel = Sonchus oleraceus (Pritzel-Jessen 383);

mar-, mer-, mort-, morte-distel = Eryngium campestre (D. I, 208; Pritzel-Jessen 145);

(1472) krotendistel = cotula foetida (D. I, 154);

(1519) wallendistel, val-, walende, wallende, valent distel (Pritzel-Jessen 145 D. I, 208). Die von den Walhen, Wälschen verwendete Distel (Eryngium), die von den Apothekern des 16. Jahrh. zu Oerengel usw. umgedeutscht wurde. Welsche Distel heißt sonst die Artischocke, Golddistel (Strobilus, Cynara, Scolymus usw.);

kartdistel = paliurus, D. I, 406 (Dipsacus fullonum), die zum Karten verwendete Weberdistel;

krauße distel, D. I, 208 (Eryngium campestre) cruysdistel;

radendistel, D. I, 208 (Eryngium campestre);

scharff dustel, D. I, 406 (Paliurus, Rosa canina?);

walddistel, D. I, 208 (Eryngium campestre, Wallendistel);

brackendistel, D. I, 208 (Eryngium campestre) auf dem Brachfelde;

ellendistel (Elend, Elendloos) = auf schlechtem Boden, auswärts wachsend (D. I, 208).

Das hier oft erwähnte (in ahd. Glossen oft ganz entstellte) Eryngium (*Ἡρύγγιον* *), Dioskurides III, 21) war früher bei den Griechen eine oft gegessene Wurzel bzw. Gemüse (ersten Wurzelblätter) und auch im Mittelalter noch offizinell (1685). „Der Nahm Eryngium kommet her vom grichischen Wort *ἐρύγην* *), eructatum, weilen wann eine Geiß ohngefehr davon isset, die ganze Herd aufhöret zu weiden, und gleichsam erstaunet stehet, bis die Geiß durch über sich stoßen ermeltes Kraut wieder von sich stößet" (Schröder 913). Man sammelte die Wurzel im Zeichen des Löwen oder Krebses (l. eod.); und kandierte sie zur sog. „Mannstreu" (Aphrodisiacum; Electuarium ad coitum) in Zucker (l. eod.) im späten Mittelalter (aber nicht im germanischen Altertum). Bezüglich der Verwendung als Heilkraut („Leberdistel") lehnen sich die alten Kräuterbücher ganz an Dioskurides und Galenus an. Die Distel trägt für das Volk den Charakter

---

*) *ἠρύγγιον, ἤρυγγος, ἠρυγγίς* zu: *ἐρεύγομαι* = eructare.

einer rauhen, außerhalb der Hofreite auf schlechtem Boden wild wachsenden, vom Vieh und wilden Tieren zertretenen Pflanze (vgl. auch Lundgreen 178).

Ihre ganz auffällige häufige Verbindung mit dem Totengeist Mar dürfte Zusammenhang haben mit der abnormen stacheligen Form („Steckkraut"), wegen deren sie als Verkörperung einer Mar angesehen wurde oder nach den Volksglauben da entstand, wo ein Mar sich aufhielt (Kröten-, Wolf-, Wald-, Stein-, Elend-Distel); als Mardistel galt aber nicht blos das blaublütige Eryngium, sondern auch Arnica montana (s. o. Wohlverleih, S. 6), Carlina acaulis, Marrubium (Andorn, Gottvergessen) und Sonchus oleraceus (1482) (Säudistel, Saumilch, Milchdistel usw.), letztere wohl wegen ihres abnormen Milchsaftes. Sent mergan distel (15. Jahrhundert D. I, 69) oder die „Mariendistel" (Frauendistel) ist wohl nur Übersetzung des Labium Veneris (D. I, 314), wenn nicht auch Entstellung aus -mar (marianum), das an Marie angelehnt wurde (Silybus marianus, Cardum marianus); daß die Distel der Maria-Freja „heilig" war, ist nirgends bewiesen. Die „besegnete Distel" (Centaurea Benedicta, Carduus benedictus s. Cnicus), Cardobenediktenkraut ist wegen seines blutroten Saftes eine Gift und Fieber abwehrende Pflanze; wie überhaupt die Distel als Marensitz zur Zauberpflanze wurde (Liebeszauber s. V. V. M. II, 170).

Wo die Distel wächst, ist ein Zauberschatz in der Erde vergraben, der muß blühen; köpft man die Distel, so hat man Ruhe vor der Mar (Z. d. V. f. V. K. 1899, S. 78); bedeckt man den Distelkopf mit Steinen, so läßt der in der Distel sitzende Totengeist von der kranken Kuh ab (Manhardt, W. F. K. II, 15, 69, 40). Die vielfachen späteren volksmedizinischen Verwendungen deuten ihre Namen an; schon der lateinische Name cirsium bekundet, daß sie gegen Varizen (κιρσός) Verwendung fand; die Leberdistel (Sonchus oleraceus, 1533) gegen Leberleiden, die Warzendistel (Cirsium arvense) gegen Hautwarzen, die Krampfdistel (Onopordon acanthium)*) gegen Krämpfe; die Krebsdistel gegen weiblichen Brustkrebs, Cirsium spinosissimum heißt in

*) S. Organotherapie, S. 19.

Berchtesgaden „Kraftwurz“ (s. o. wiga-deina), sie gibt übernatürliche Kräfte wie die Eberwurz (= Marendistel); sogar der gefürchtete Drache (= Viehkrankheit, K. N. B., S. 100) kann in den Marensitz zurückgebannt werden; gegen dämonischen „Angriff“ (s. K. V. B. S. 200) am Euterviertel wurde im schweizerischen Simmentale mit Eberwurz (= Marendistel) und Birkenrinde, Brot und Salz in den drei höchsten Namen das Vieh beräuchert (Zahler 91); diese schwarze Eberwurz, welche „Carolina (acaulis) genant wird von Carolo magno, dem 1. dieses Nahmens Römischen Keyser, dessen Kriegsheer durch eines Engels Erinnerung von der Pest befreyet worden“ (Schröder 857). Wer die Eberwurz bei sich trägt, wie den Beifuß, der wird nicht müde und entzieht den Gefährten ihre Kraft (Oberpfalz), daher hing man sie früher beim Wettrennen den Pferden an (Wuttke § 138), daher gibt sie in Tirol Pferdekräfte (Z. d. V. f. V. K. 1898, S. 42); es steckt also ein Marenzauber darin. Als solches Pestmittel ist die Eberwurz in allen Volksmedizinen bekannt (Manhardt, W. F. K. I, 97, II, 150, Vernaleken). Bemerkenswert ist, daß der Blütenboden der Eberwurz von den Kindern, wie der einer Artischoke [arabisch: ardischauki; al-haršaf, Erddorn, Erddistel] von den Kindern gegessen wird (Z. d. V. f. V. K. 1901, 53) Carduus altilis s. sativus. Feinschmecker, Hungernde und Kranke beteiligen sich also am Genusse dieser Distel; in Flandern steigert der Genuß der Erddistel, wie die meisten alten Nahrungsmittel, auch die männliche Potenz (De Cock 217).

Die Eberwurz (Distel) hieß nach Schröder 857 früher auch *χαμαιλέων λευκός*, weiße Chamille (= Mastixdistel) [*χαμαίμηλον*, Dioskurides III, 8, 149] und Carduus panis bei Brunfels (Straßburg 1530—36); letztere Bezeichnung deutet auf ehemaligen Genuß der Eberwurz hin. In der bayerischen Besprechungsformel, welche Panzer II, 303 beim Tragen der Eberwurz gegen Augenblattern anführt: „Eberwurz! ich spreche dich an, bist du Frau oder Mann, behalte du deine Kraft und Saft, wie die liebe Frau ihre Jungfernschaft!“ klingt der Gedanke an einen elbischen zauberkräftigen Geist zwischen den Zeilen.

Als „Distel“ galt auch die harte, vielkantige Wassernuß (Trapa natans s. Tribulus) (D. I, 595), welche ebenfalls bei manchen

Völkern als Speise und (1745) als Mittel gegen Rote-Ruhr, Blutharnen und Seitenstechen (Woydt 959) verwendet wird (s. o. S. 9); ebenso ist auch die Mistel als „Distel“ bezeichnet worden (D. II, 383, Pritzel-Jessen 442).

Im allgemeinen läßt sich also aus der volksmedizinischen Verwendung schließen, daß die Distel (obwohl auch als Eberwurz und Artischocke genossen) zumeist als Verkörperung eines zauberkräftigen Totengeistes (Mar) galt, der aber entsprechend der abnormen, rauhkantigen und widerborstigen Form der Pflanze den Charakter eines Unholden trug; die Abnormität gerade gibt, wie bei der Mistel, den Anlaß zur ätiologischen Verbindung mit solchen unholden Geistern. Als solcher Marensitz wurde die Distel auch gegen das Stechen (eine dämonistische Krankheit) verwendet: „Mayen (Maren?) distl oder Unserfrauendistl oder Vehendistl (carduus Marianus) wasser ist guet den Khindern fur das stechen und das Gesegnet“ (K. N. B. 677, 631; Schmeller I, 701); eine Abartung der sonst ganz altertümlichen Verordnung: man übergab anscheinend der Mar in der Distel die gefürchteten Krankheiten; wie die rauhborstige Distel aus dem Vlies des Weideschafes die Parasiten abstreifte, so sollte die Mar auch die Krankheiten wieder zurückerhalten. Daß die „besegnete Distel“ für das „Besegnet“ helfen soll, entspricht ganz dieser Vorstellung, daß die Distel ein Marensitz ist.

Germanisch ist auch die schmarotzende, in ihrer ganzen Pflanzenform als Parasit auf Bäumen abnorme **Mistel** (Loranthus europaeus, Viscum album). Ihr oft geleugnetes Vorkommen auf Eichen ist durch Tubeuf sichergestellt, wenn auch sehr selten; Den Namen Mistel tragen übrigens im Volksmunde auch andere „Hexenbesen“ (krankhafte Zweiganhäufungen); das Abnorme ist es, was diese Pflanzengebilde mit den Mythos in Verbindung brachte; sie wurde zum goldenen Zweige, zum magischen Reis der Proserpina, zum Gabelzweige des Merkur, durch dessen Hilfe sich die Pforten der Unterwelt öffnen (Wittstein, Handbuch der Pharmakop., 1883, S. 548), auch Hippokrates verschmähte es nicht, die Mistelblätter zu benutzen als Mittel, um die Milz dünner zu machen (de morb. int. XXX). Plinius (VI, 44, XVI, 249; Sprengel I, 473) erzählt von diesem „All-heal“ (Allheil, altir.

uile-ic-each)*) der keltischen Druiden, daß am neuen Mondjahrestage die gallischen Priester die Eichenmistel suchten und wenn sie sie gefunden hatten, sie dem Baumgeiste, der in der Eiche wohnte, einen weißen Stier mit bekränzten Hörnern opferten; die Mistel selbst wurde ins Wasser getaucht und als Prophylaxis gegen Seuchen und Verzauberung an das Volk ausgeteilt; sie durfte nur mit goldener Sichel geschnitten werden; der Mistelzweig war eines der vier druidischen Abzeichen der (winterlichen) Sonnenwende. Die Verwendung als Opferwedel, welche bei den Kelten bezeugt ist, kehrt auch bei den alten Nordgermanen wieder; denn hier hieß die Mistel (nach Jordan Edda 24, 43, Vǫluspá v. 24) hlaut-teinar, hlaut-vigr = Opferreis, Opferholz, Opferwedel, der getränkt wurde mit dem die Seelengeister versöhnendem Blute, so daß die Mistel auch ein „alles heilender" Blutzweig wurde, der alles Unheil ferne hielt; in dieser Stellung der Mistel liegt die Erklärung dafür, daß sie zum Mittel gegen Schwindel und Epilepsie wurde (ganz falsch ist die Meinung, weil sie in „schwindelnder Höhe" wachse!?); ein einziger Blick in des Verfassers Organotherapie wird jeden belehren, daß die Epilepsie fast ausschließlich mit antidämonischen, aus dem Kultritus entnommenen Methoden behandelt wurde. „Wer den Eichenmistel hat an der rechten Hand in einem Fingerlin (s. u.), daß der Mistel die Hand berührt, der (hinfallende) Siechtag berührt den Mensch nimmermehr." (15. Jahrhundert, Schönbach 147, woselbst auch eine Beschwörungsformel für die Brechung der Eichenmistel); nicht bloß die Eichenmistel, sondern auch die auf der Hasel und der Linde nistende Mistel konnte gegen die Epilepsie und schwere Not der Kinder helfen (Schröder 1084, 890, Woyt 249, 944, 1010). (1685) „Die Haselmistel ist in der schwehren Noth und anderen Haupt-Beschwerden viel nützlicher dann der (Mistel) von Eichen. Es soll auch vor hundert Jahren auf keinem Haselstauden wachsen, daraus bereitet man auch die Salbe vor die Hexerey" (Karrichters) (l. eod). Man sieht also, wie gerade die Seltenheit der abnormen Mistel deren Wirk-

*) Nach V. V. M. II, 164 auch von den Druiden Pren-awyr = Luftpflanze benannt.

samkeitsglauben erhöhte. Westlich von Walhall wuchs der (isländ.) Misteltheinni (ags. misteltan, engl. misteltoe), mit dem allein Hölder den Balder töten konnte (Golther 300, 379); sie hatte als Verkörperung eines Unterweltgeistes übernatürliche Kräfte, ein aus ihr bereiteter Trank war ein Allheilmittel „Heil alle Schäden“, „Gutheil“, „Gespensterrute“, „Trudenfuß“; der Holsteiner trägt Teile der Mistel als Amulett und hängt seinen Kindern Rosenkränze aus Mistelholz und Mistelkügelchen in Silber gefaßt als Apotropäon um den Hals (Söhns); der Mecklenburger nennt sie „Elfranke“, der Flamländer „Marenzacken“, die man in den Viehstall hängt, damit die Mar nicht hineinkommt (De Cock 33, 193). Marenzacken an den Hals gebunden hatten die Kraft, alles von der Gottesgewalt „berührte“ (Lähmung durch Apoplexia, K. N. B., S. 527) zu heilen (De Cock 93); das Holz der Mistel mitsamt dem Baste an den Arm einer schwangeren Frau gebunden, oder der daraus gemachte Bastring an den Finger gesteckt (s. o. S. 30 und Lindenbast, S. 36) sollte 1696 die Mar von der Schwangeren ferne halten und so den Abortus verhindern (De Cock 60); die Mistel ward so ein Fruchtbarkeits-Reis, das bei Frauenleiden Verwendung fand (Woyt 1010). 1685 zog das Viscum Splitter aus der Haut, vertrieb die harten drüsigen Geschwülste und heilte alle Geschwüre; 1906 veranlaßt es Herabsetzung des Blutdruckes mit Pulsbeschleunigung (Vergleichende V. M. I, 309). Im Schwedischen heißt die Mistel auch ve-spelt = sacrum sive sacer ignis planta aut frutex (Z. d. V. f. V. K. 1891, S. 288), in Westgotland vispelten; sie sichert vor dem Blitze („Donnerbesen“). Die antiken Klassiker unterschieden wegen ihrer antiepileptischen Wirksamkeit, die sie vergeblich suchten, die Mistelarten nach den Standorten: *ἴξια*, *ἴξις* hieß die Eichen- und Tannenmistel (s. o. S. 45 die sprachliche Abtrennung der Tanne von der Eiche), *ὑφέαρ*, *ὕφεαρ* die auf der südlichen Seite der Eiche oder Koniferen schmarotzende Mistel; *στελίς*, *ἀστυλίς* die übrigen Mistelarten; die Mittellateiner verwechselten sie in ihren Glossen auch mit der Mispel (Esculus, Escula) (D. I, 210). Als „Eichengedärm“ wird sie in Rößlins Kräuterbuch (1533) bezeichnet, eine Benennung, die die botanische Abnormität, mit der die Kräuterkundigen nicht ins Reine kommen, so recht kennzeichnet, da das viscum mit den lat. viscera, zusammengeworfen wurde. Als „Wintergrün" wird sie nur im Salzburgischen bezeichnet. In Flandern meint das Volk, daß die Mar da gerastet habe, wo die „Marenzacken" wachsen; sie heißt dort aber auch „Schlangenzunge" und „Teufelsgras"; es überwiegt also das feindselige, unholde Dämonenwesen in der Mistel wie in der Distel.

Auch beim **Seidelbaste** (Daphne Mezereum) spielt der Pflanzenmythus ganz wesentlich mit herein und nicht zum geringsten Teil der antike Pflanzenmythos aus dem Kulte des Apollo, dessen Daphne oder Lorbeer mit dem Mezereum germanicum, „Waldlorbeer" später oft genug verwechselt wurde (mezereum = arab māzarjūn). Im Norden heißt der gegen Würmer benützte Seidelbast: tybast, tysbast, tyvedr, tyvidr, tyved (Fonahn 19, 40), vermutlich als Übersetzung der Märzblume, Märznägelein; Mars = (3.—4. Jahrh.) Tiuo Ziu, Tyr; conf. anord. Tysdager = allem. Ziestag, ahd. Ziuwestag; die schwäbischen Cyuuari (8. Jahrh.) sind als Ziusverehrer zu deuten; aber direkte Beziehung zum germanischen Kriegsgotte Ziu liegt ebensowenig vor, wie beim deutschen Donnerstage zum germanischen Gotte Donar (vergl. Golther 206); die von Grimm herangezogene Form Ziolinta (= Zilant, 12. Jahrh. Zilande in der Schweiz, Zwilinde in Österreich, wie der Seidelbast auch bezeichnet wird) ist = ahd. cigelinta; mhd. ciugelindenbeeren = Daphne mezereum D. I, 229 = fel draconis; der pythische Drache, in welcher Gestalt der Licht- und Heilgott Apollo verehrt wurde, spielt sicher hier herein. Der Drache mag als Sieglint, Siegwurm den germanischen Kohorten zuerst bekannt worden sein und damit der Lorbeer Apollons als sigelintenbeere zu ciugelinde umgedeutet worden sein; doch dürfte diese Deutung noch anfechtbar sein. M. Springenfeldt hat in seiner Inauguraldissertation, 1890 Dorpat: „Beitrag zur Geschichte des Seidelbastes" eingehend berichtet, daß fast alle Völker der alten Welt den Seidelbast in irgend welcher Form benützten, und daß derselbe bei den germanischen Völkern erst im 16.—17. Jahrhundert zur verbreiteteren Verwendung gelangte, und zwar hauptsächlich durch den Einfluß der Kräuterbücher, welche aus der Antike schöpften. Eine Personifikation erfuhr die Pflanze als „Seidelmann", „Holzmännchen"; seine volksmedizinische Verwendung deuten folgende Namen an: „Scheißlorbeer", „Treibkraut", „Warzenbast", „Zahnwehholz" (Blasen ziehend), „Läusekraut", „Giftbaum", „Mörder", „Menschendieb", „Wittwenschaffer", „Lebensräuber", „Rechbeeren", „Elendsblut".

„Kellerhals" heißt die Pflanze, weil der Genuß ihrer Beeren starkes Brennen im Halse (ahd. chellen) (K. N. B., S. 265) verursacht, daher auch Pfefferblume, Brennwurz, Beißbeere, Stechbeere usw. Ob der Name „Seidelbast" von dem Seidenglanze der Rinde herkommt, ist fraglich; der russische Namen: шедковое дыко (= seideähnlicher Bast) ist nur lateinischem Einflusse entsprungen. Mit den Zeidlern hat der Name schon deswegen keinen Bezug, weil die Jmpen der Zeidler (ahd. cîdalâri) den Hyazinthengeruch der Pflanze meiden (Springenfeldt 61).

Wenn die Pflanze nach Grimm D. M. [1] CLXII nur mit der linken Hand gebrochen werden soll, so dürfte dies auf alte Volksmedizin hinweisen. Der Graubündtner Name „Wielandsbeere" bezieht sich auf Daphne cneorum; kurzum der Seidelbast hat noch keine definitive Etymologie; Ausgangspunkt kann nur ahd. cigilinda oder ciugilinda sein. Als Apotropäon gegen Insekten hängt man die starkriechende Pflanze an das Pferdekummet, wie das Fell des stinkenden Dachses (Meyer, B. V. L., 557). Bei den Schweizern heißt der Seidelbast „Giftbäumli"; Lausblume, Läusekraut, Lausholz in Tirol, weil man die Pflanze als Insekten-Apotropäon wie ein Amulett um den Hals der Ziege hing; auch gegen Krämpfe binden die Tiroler Hirten den Seidelbast (= Ziegenbast) um die Ziegenfüße (Söhns). Seine abführende Wirkung benützte man auch als Abortivum, weshalb 1593 der Nürnberger Stadtrat den Wurzel- und Kräuterweibern den Verkauf des Seidelbastes an Hebammen verbot (Ärztliche Rundschau 1906, Nr. 48); „wegen seiner Bosheit wird es gar selten gebrauchet" (1685) (Schröder 1214).

Den Schluß unserer Abhandlung soll eine Pflanze bilden, welche aus der Zeit des Übergangs vom germanischen Heidentum zum deutschen Christentum stammt, da sie der Indiculus pag. et sup. (9. Jahrhundert) im c. XIX anführt: „de petestro quod boni vocant sanctae Mariae", worunter man nur Hypericum per-

8*

foratum L. verstehen kann, das später oft genug bezeichnet wurde als herba sancta Mariae, Stramen lecti, **Unsere Frauen Bettstroh**, Liebfrauenstroh, engl. Ladies bedstraw; es wird auch wegen des blutroten Saftes, hervorgerufen von Insektenlarven an den Wurzelknollen, Johannesblut (Johannesöl) genannt, und wegen seiner Beziehungen zur Sonnenwendfeier Sonnenwendkraut, St. Johannesgras, Johanneskraut, St. Peterswurz. Wenn im 9. Jahrh. die „guten Christen" das Kultkraut der Sonnenwendzeit „Mariä Bettstroh" nannten, so mußte dieser Name im Gegensatze stehen zu einer anderen und zwar heidnischen Bezeichnung, vermutlich zur germanischen Venus vulgivaga Freja (Frouwa, Frauva); dann hätte das Kraut als Bettstroh eine geschlechtlich-rituelle Bedeutung. In Tirol heißt es „Kuttelkraut" (für den weiblichen Küttel) und „Jungfernzucht" (von Dalla Torre 68).

Allerdings tragen auch andere Pflanzen den Namen „Mariä Bettstroh", z. B. in Holstein und Meckenburg: Thymus serpyllum (Gundelkraut, Quenel)*) und in Kärnten; in Göttingen der Waldmeister**) (Asperula odorata), der nach Paullini 175 und Schröder 912, V. V. M. I, 441 als geburtshilfliches Mittel an der Gebärenden Wade gebunden wurde; in Böhmen der Zist (čistec zu: čistitie = reinigen, im Wochenbett); ferner das Labkraut, Mägerekraut, das den abmagernden Kindern gegen das „Berufen" ins Bett untergelegt wurde (Woyt 383) = Galium verum (Liebfrauenstroh; an der Eifel Herrgottsbettstroh, Elsaß, Thüringen: unser Frauen Bettstroh); es hieß auch Fuga daemonum, chasse diable (Rolland 169, 173) Hexenkraut; es ist auch ein Apotropäon gegen Blitzgefahr (Bayern, Oberösterreich) (Z. d. V. f. V. K. 1898, 227), und noch eines der beliebtesten Weihekräuter in Tirol und Oberbayern, wo es in keinem „Sangen" fehlen darf.

---

*) Eine bereits westgermanische Bezeichnung für Thymian (Kluge [6], 449, 306); (1556) O. L. Vrouw. Bedestroo = wilder Thymian, Quendel (De Cock 140, V. K. VII, 158, 193).

**) Einen Versuch zur Deutung des Namens Waldmeister (Meiserich, Meserich, Meeske, Möske = Mütterlein, mlat. matrisilva, schwed. myske-moder, dän. skov-moerke, -moderke = Waldmütterchen, walach. muma padura = Waldmutter, la reine des bois) gibt Schmidkontz in Mitteilung und Umfragen z. Bayer. Volkskunde 1908, Nr. 12 u. 13.

Wir müssen hier eine griechische Parallele einfügen. Wie schon der Name Thymian bezeugt, war dies eine Opferpflanze. Eine thymianähnliche Pflanze war das *κνέωρον*, das sich die Frauen, die bei den Thesmophorien diätetisch und sexuell fastend auf der Erde saßen, zur Reinigung ihrer Genitalien und als Lagerstroh zu Fruchtbarkeitszwecken unterlegten und so sich für die Befruchtung vorbereiteten: „*κνέωρον = φυτόν τι, ὃ τοῖς θεσμοφορίοις ὑποστόρνυται καὶ ᾧ εἰς κάθαρσιν χρῶνται καὶ γυναικεῖον μόριον*“ (Nilsson 318). Damit identisch im Volksbrauche der Antike war der Keuschlammstrauch (Vitex agnus castus, *ἁγνος*: *ἄγνος*), den die Griechinnen als reinigende Lagerstätten-Unterlage benützten. Dieser spielte im antiken Volksglauben und in der Volksmedizin als Fruchtbarkeitsmittel eine große Rolle. Dioskurides I, 134 sagt: „Er wird Agnos genannt, weil ihn bei den Thesmophorien (zu Ehren der Demeter) die Weiber, welche ihre Keuschheit bewahrten, als Lager benutzten“. Es scheint also, daß Keuschlammstrauch und Thymian (Quendel der Westgermanen) sich ersetzen konnten. Der Ausgangspunkt scheint die Räucherungstherapie gewesen zu sein, indem man das Gesträuch der Heide *ὑπ-ἔρικον* zur Räucherung des Frauenunterleibes benutzte (*πυρός ἄχνη*, Dioskurides); mit der Verbrennung des Waldheus (= Hartheu) suchte man die dämonischen Geister, die die Fruchtbarkeit verhinderten, zu vertreiben; so wurde die Pflanze auch später ein geburtshilfliches Mittel, „um der kindenden Frau Nachwehen zu heilen“. Als solche Räucherung war das Hyperikum (Johanneskraut) noch 1683 ein Geburtsmittel (Schröder 944), nach letzterer Quelle rechnete auch Paracelsus es zu den Kräutern, die vor die Bezauberungen und Gespenster dienen, das man statt eines Amulettes gebrauchte, in den Hut einnähte, unters Schlafkissen legte, vor die Nase hielt, im Hause herumstreute und an den Wänden aufhing usw.

Diese griechische Parallele erklärt das deutsche Frauenbettstroh der Sonnenwendfeier zur Genüge; die Analogie kam sogar in der ahd. Glosse zum Ausdruck: (h)artenhewe = agnus castus, herba s. Marie (Steinmeyer, III, 536, 474) d. h. Hartheu, Keuschlammstrauch und Marienbettstroh waren = Hypericum perforatum.

Das Ergebnis unserer volksmedizinischen Forschungen in der Botanik der Germanen ist zusammenzufassen, wie folgt:

1) Die altgermanischen Heilpflanzen (Kräuter, Wurzeln, Bäume, Körner, Beeren usw.) stammen fast ausschließlich aus der nächsten Umgebung der mit Feuerstätte, Dörr- oder Rösthürde und Zaungehege ausgestatteten menschlichen Siedelung. Innerhalb dieser Hofreite (vgl. Tacitus Germania 16 = spatium) wurden anfangs die Heilpflanzen nicht kultiviert, sondern wuchsen wild, wurden geschnitten oder ausgegraben mit den herkömmlichen älteren Geräten, und wie ein Getreide eingetragen, um über dem Feuer auf der Hürde als Vorrat geröstet oder getrocknet zu werden.

2) Die ältesten Heilpflanzen sind die an Amylum, Zucker oder Fett reichen Nährpflanzen; sie wurden am häufigsten und am zähesten als Schwindsuchtsmittel benutzt, um das Schwinden, Zehren des ganzen Körpers oder einzelner Teile desselben zu verhüten und die Folgen der Volksseuchen zu beseitigen.

3) Die primitivsten Heilpflanzen wurden hauptsächlich auch verwendet, um die Fortpflanzungsfähigkeit und Fruchtbarkeit zu steigern oder zu erleichtern.

4) Der Animismus belebte mit Vorliebe die innerhalb des Hausgehäges wachsenden Kräuter und Bäume als Gestalten oder Wohnsitze des mit Opfergaben zu versöhnenden Hausgeistes, der als „Kobelhold“ günstig gesinnt, als „Mar“ eine Unholdengestalt war. Durch die vom Ackerbau geschaffenen Kultzeiten erhielten die Nährpflanzen und Heilkräuter erhöhten Wirksamkeitsglauben durch die Communio mit den übernatürlich kräftigen Seelengeistern, die sich mit der Zeit auch mit bloß symbolischer Nahrung begnügten; der Pflanzenmythos umrankt die Seelennahrungspflanzen besonders.

5) Die sog. chthonischen Tiere (s. Organotherapie S. 23 und s. v.) als Gestalten der Verstorbenen und Ahnen, heilen sich fast ausschließlich nur mit pflanzlichen Mitteln, deren Heilwirkungen sie nach dem Volksglauben besonders gut kennen; es ist dies ein besonders altertümlicher Zug, der die botanischen Mittel älter einschätzen läßt als die Organotherapie.

6) Hunger und Schmerz waren die Haupttriebfedern, die

den Menschen zwangen, alles zu versuchen, vegetabilische und animalische Nahrung zu genießen; während der Hunger mit der Zeit und später am raschesten durch die animalische Kost gestillt werden konnte, sind die Narkotika nur Pflanzenmittel; wirkliche narkotische Mittel aus der Tiersphäre machte der Mensch bisher nicht ausfindig; die Organotherapie ist jünger als die Botanotherapie; erstere hat den Kult, d. h. die Versöhnung der unholden Dämone mit Opferteilen (Communio) oder den Genuß eines chthonisch-elbischen Tierwesens (Theophagie) zur Quelle; letztere den vom Animismus noch nicht beherrschten Naturtrieb, der die erprobten Nährpflanzen als Allheilmittel ansah.

7) Die ersten Erfahrungen über die Narkose (*νάρκη* = torpor) dürften bei dem Suchen nach fettreichen Nahrungsmitteln aus der pflanzlichen Sphäre erworben worden sein; weiterhin durch die Verbrennung von Gräsern und Kräutern an bestimmten Standplätzen am Feuer der schlecht ventilierten Wohnstätten der primitiven Völker. Der germanische Begriff „Gift" (= Gabe) ist ein Zusatz zur Nahrung oder zum Getränke (poison = potio); das pflanzliche Gift ist „Lüppe", das animalische Gift (vis, thung) stammt aus Verwesung.

8) Die natürlichste Nahrung des Menschen, die Muttermilch war ein Allheilmittel; sie wurde aber auch ein Vehikel für Heilkräuter. Das mit dem Menschen am frühesten symbiotische Milchtier (die Ziege) liefert auch am häufigsten das Getränk (fettreiche Ziegenmilch), durch dessen Genuß die Heilkräuter einverleibt wurden. Erfahrungen über die Veränderung der Milch durch gewisse Weidepflanzen und die Wirkungen dieser abnormen Milch auf Darmparasiten (Zwiebel oder Lauch auf Spulwürmer) müssen sehr frühzeitig gemacht worden sein; ebenso Erfahrungen über die Steigerung der Milchsekretion bei Weib und weiblichen Milchtieren durch den Genuß fettreicher Pflanzen; das nährende Weidekraut*) (*βοτάνη*) schuf die volksmedizinische Botanik der Germanen.

9) Das stillende Weib verwendete am frühesten die kühlende Wirkung frischer saftiger Blätter als Umschlag auf entzündete

*) Vergl. Weide zur Wurzel: wai = auf Nahrung ausgehen (Kluge [6], 418), ahd. weida = Speise; mhd. geweide = Speise.

Brustwarzen und phlegmonöse Brustdrüsen-Entzündungen, und weiterhin bei Eitermilch (gund).

10. Gewisse Beobachtungen der Mütter, welche den Pavor nocturnus, Eclampsia usw. vom Kinde fern halten wollten, führten zum Gebrauche des germanischen Nachtschadenkrautes als Narkotikum.

11. Das Weib, das die Körner- und Beerenfrüchte eintrug, röstete diese auf der Ofen- oder Feuerhürde und machte sie so genußfähiger. Das Rösten oder Braten der Früchte ist älter als das Sieden; der Rötzel ist älter als das Mus (Gemüse); geröstete Gerste ist bei den alten Juden schon ein sehr altertümliches Opfer. Über Heilbrote siehe Baassche Festschrift 1908.

12. Die scharfriechenden Pflanzen (Erdrauch, Lauch usw.) dürften am frühesten von ähnlichen Pflanzen abgetrennt worden sein. Das botanische Unterscheidungsvermögen der altgermanischen Kulturperiode entsprach dem bei Krankheiten; beide waren noch primitiv.

13. Der therapeutische Grundsatz similia similibus, d. h. gelbe Haut durch gelbe Blüten, Herzkrankheiten durch herzförmige Blätter oder Früchte, Leberkrankheiten durch dreifachgelappte Leberblumen, Geschlechtskrankheiten durch hodenförmige Wurzelknollen zu behandeln, stammt aus relativ weit jüngeren Zeiten und gab eine Methode, die der altgermanischen Kulturperiode nicht entsprechen konnte, da diese von Leber- und Herzkrankheiten noch nichts wußte; erst der berufsmäßige Sammler der Heilkräuter, der auch Kenntnis von inneren Krankheiten hatte, konnte diese homöopathische Methode versuchen.

14) Die Einverleibung der Medikamente, auch der Heilkräuter geschah nicht bloß als Speise oder Räucherung, sondern auch als Kräuterkissen (Heulager, Bettstroh) sowie als Amulett; solche Heilkräuter, namentlich die fruchtbarmachenden, wurden in Kleidern vernäht, oder um Leib, Hüfte, Dickfleisch, Waden, Hals, Busen usw. getragen und als Geburtslager des Weibes verwendet.

15. Manche durch den Volksbrauch ehrwürdig gewordene Pflanzen erfuhren in der Benennung eine Personifikation als hilfreicher Geist.

Literatur.

ahd. Gl. s. Steinmeyer.
Archiv für Anthropologie (Braunschweig).
Archiv für Religionswissenschaft, Freiburg i. B..
Athenaeus, Casaubonius, Animadversiones in Athenaeum dipnosophistas 1621 Lugdunum.
Celsus, Aul. Corn., Über die Arzneiwissenschaft; übersetzt v. E. Scheller 2; Frieboes 1906.
Cockayne O., Leechdoms, wortcunning and starcraft of Early England, 1864—1866 (London).
Conrad von Megenberg, Buch der Natur (1476).
Dalla Torre, von, Die volkstümlichen Pflanzennamen in Tirol und Vorarlberg, Innsbruck 1895.
De Cock, A., Volksgeneeskunde in Vlaanderen, Gent, 1891.
Deutsche Gaue von Kurat Frank (Kaufbeuern).
Deutsch-Österreichische Alpenvereins-Zeitschrift.
D. I, Diefenbach, Laur. Glossarium latino-germ. med. et infimae aetatis, Francofurti 1857.
D. II, Diefenbach, Novum Glossarium latin. germ. med. et inf. aet., Frankfurt 1867.
Dioskurides, Pedan, Arzneimittellehre in fünf Büchern, übersetzt von Berendes 1902, Stuttgart.
Fischer-Benzon, Altdeutsche Gartenflora.
Flügel, D., Volksmedizin und Aberglaube im Frankenwalde, 1863, München.
Fonahn, A., Orm og Ormmidler i Nordiske Medicinske Skrifter fra Middelalderen, Christiania 1905.
Frieboes, W., Aulus Cornel. Celsus, Über die Arzneiwissenschaft [2], 1906.
Fries, Spiegel der Artzeney, 1532.
Fuchs, Robert Dr., Hippokrates Sämtliche Werke I, II, III, 1895—1900.
Globus, Illustr. Zeitschrift für Länder- und Völkerkunde (Braunschweig).
Golther, Wolfgang Prof., Handbuch der germanischen Mythologie, Leipzig 1895.

Grimm, D. W., Deutsches Wörterbuch.
— D. M., Deutsche Mythologie.
Hegi, Illustrierte Flora von Mittel-Europa 1908, München.
Herrmann Paul, Deutsche Mythologie, Leipzig 1898.
Hessische Blätter für Volkskunde.
Heyl, Joh. Adolf, Volkssagen, Bräuche und Meinungen aus Tirol, Brixen 1897.
Heyne, Moriz, D. H. A., Fünf Bücher deutscher Hausaltertümer, Leipzig 1901.
Hintner, Val., Benennung der Körperteile in Tirol, 1879.
Höfler, M., Volksmedizin und Aberglaube in Oberbayerns Gegenwart und Vergangenheit (1888), München.
— Wald- und Baumkult zur Beziehung zur Volksmedizin Oberbayerns (1892), München.
— Deutsches Krankheitsnamenbuch, 1899, München.
— Die volksmedizinische Organotherapie und ihr Verhältnis zum Kultopfer. 1908, Stuttgart.
Hoops, Joh., Waldbäume u. Kulturpflanzen im germanischen Altertum 1905, Straßburg.
Hundertmark, Car. Fr., Artis medicae per aegrotorum apud veteres in vias publicas et templa expositionem incrementa (1739), Leipzig.
Janus, Archives internationales pour l'histoire de la médecine.
Jessen s. Pritzel.
Illustrierte Zeitung, Leipziger.
Jordan, W., Die Edda, 1889, Frankfurt.
Kluge, Etymologisches Wörterbuch [6], 1899, Straßburg.
Kluges Zeitschrift für deutsche Wortforschung, Straßburg.
K. N. B. s. Höfler, Krankheitsnamenbuch.
Liebrecht, Zur Volkskunde, 1879, Heilbronn.
Lonicerus, Kräuterbuch, 1582, Frankfurt.
Lütolf, A., Sagen, Bräuche und Legenden aus den Fünforten (1865), Luzern.
Lundgreen, Die Benutzung der Pflanzenwelt in der alttestamentlichen Religion. Beiheft zur Zeitschrift für die alttestamentliche Wissenschaft, XIV, 1908.
Manhardt, W., Wald- und Feldkulte 2, I, II, 1905, Berlin.
Mélusine, Recueil de Mythologie p. H. Gaidoz, Paris.
Meyer, H., Badisches Volksleben im 19. Jahrhundert, 1900.
— E. H., Mythologie der Germanen, 1903.
Mieser Kräuterbuch von Reißer.
Mones Anzeiger für Kunde der deutschen Vorzeit.
Montelius, O., Kulturgeschichte Schwedens 1906, Leipzig.
Nilsson, M., Griechische Feste von religiöser Bedeutung mit Ausschluß der attischen 1906.

Oefele, J. von, Angebliche Practica des Bartholomäus von Salerno, 1894, Neuenahr.
Organotherapie s. Höfler.
Panzer, Beiträge zur Mythologie, I, II, 1848—55, München.
Paullini, Fr. Chr., Zeitkürzender, Erbaulicher Lust I. Teil (1695), Frankfurt.
Perger, Studien über die deutschen Namen der in Deutschland gebräuchlichen Pflanzen, Denkschr. d. h. Akad. d. Wiss. Math. naturw. Klasse, XIV, 1858.
Petz, Hartwig, Chiemseeklöster.
Prätorius, M. J., Neue Weltbeschreibung, 1666, Magdeburg.
Pritzel-Jessen, Die deutschen Volksnamen der Pflanzen, 1882, Hannover.
Reiff, Artemidorus Oneirokritika Tom. II, notas continens, 1805, Lipsia.
Rochholz, E. L., Deutscher Glaube und Brauch, 1867, Berlin.
Rohde, E., Psyche, Seelenkult und Unsterblichkeitsglaube der Griechen [3], 1903.
Rolland, Flore populaire, 1896ff., Paris.
Schedius, E., De diis Germanorum, 1728, Halle.
Scheible, J., Das Kloster, Geistlich und Weltlich, 1848.
Schmeller-Fromman, Bayerisches Wörterbuch 2, 1872—1877.
Schönbach, A. E., Studien z. Geschichte der altdeutschen Predigt; in Sitz.-Ber. der Wiener Kais. Akademie, 142 Band 1900, Abhandlung VII.
Schoepf, Tirolisches Idiotikon (1866), Innsbruck.
Schrader, O., Reallexikon der indogermanischen Altertumskunde, 1901.
Schreiber, Die Nekropole Kôm-Esch-Schukâfa V.
Schröder, Joh., Trefflich versehene Medizin-chymische Apotheke, Nürnberg 1685.
Schweizer Archiv f. Volkskunde, Zürich.
Simrock, Handbuch für die Mythol. [4], 1874.
Söhns, Franz, Unsere Pflanzen [3], 1907, Leipzig.
Sprengel, K., Versuch einer prägmatischen Geschichte der Arzneikunde 1792, Halle.
Steinmeyer, E. u. Sievers, die althochdeutschen Glossen, Berlin, 1879 bis 1898.
Tägliche Rundschau, Unterhaltungsbeilage.
Urquell, Monatsschrift für Volkskunde von D. F. S. Krauß.
Vergleichende Volksmedizin von D. O. v. Hovorka u. D. A. Kronfeld 1908, Stuttgart..
Vink, Dr., Amönitates philolog. medicae 1730.
Volksmedizin s. Höfler.
V. K. Volkskunde, Tydschrift voor nederlandsche Folklore.
Vreese, De, Middelnederlandsche Geneeskundige Rezepten and Tractaten 1894.

Wascherschleben, T. W. H., Die Bußordnungen der abendlichen Kirche, 1856, Halle.

Weinhold, Altnordisches Leben, 1856, Berlin.

Woeste, K., Wörterbuch der westfälischen Mundarten, 1882, Leipzig.

Wolf, J. W., Beiträge z. d. Mythologie, 1857, Göttingen.

Woyt, J. J., Schatzkammer medizinisch- und natürlicher Dinge, 11. Aufl. Leipzig, 1743.

Wuttke, A., Der deutsche Volksaberglaube der Gegenwart [3], Berlin.

Zahler, H. Dr., Die Krankheiten im Volksglauben des Simmentals, 1898, Bern.

Zeitschrift des Vereins für Volkskunde (Berlin).

Zeitschrift für österreichische Volkskunde (Wien).

Inhaltsverzeichnis.

Reihe
Ethnomedizin und Bewußtseinsforschung

Ralf H. Bolle:
Am Ursprung der Sehnsucht.
Tiefenpsychologische Aspekte veränderter
Wachbewußtseinszustände am Beispiel des
Anästehtikums KETANEST
200 S. • ISBN 978-3-927408-06-7

Claudia Müller Ebeling & Christian Rätsch:
Heilpflanzen der Seychellen.
Ein Beitrag zur kreolischen Volksheilkunde
90 S. • ISBN 978-3-927408-13-5

Christian Rätsch:
Die „Orientalischen Fröhlichkeitspillen“
und verwandte psychoaktive Aphrodisiaka
100 S. • ISBN 978-3-927408-21-0

Historische Materialien (Reprints)

August Freiherr von Gall:
Medizinische Bücher (tici-amatl) der alten Azteken
aus der ersten Zeit der Conquista
Reprint m. e. Beitr. v. Chr. Rätsch
328 S. • Hardcover • ISBN 978-3-927408-11-1

Louis Lewin:
Banisteria Caapi,
ein neues Rauschgit und Heilmittel
Reprint d. Ausgabe Berlin 1929
32 S. • ISBN 978-3-86135-424-6

Reihe
Ethnomedizin und Bewußtseinsforschung

Historische Materialien (Reprints)

Rudolf Augustin Vogel:
Schutzschrift für das Mutterkorn,
als einer angeblichen Ursache der Kriebelkrankheit
Reprint d. Ausgab Göttingen 1771
60 S. • ISBN 978-3-927408-19-7

Alexandre Rouhier:
Die Hellsehen hervorrufenden Pflanzen
Reprint der Ausgabe Leipzig 1910
48 S. • ISBN 978-3-86135-421-5

Dr. Aigremont:
Volkserotik und Pflanzenwelt
Reprint d. Ausgabe Leipzig 1927
286 S. • Hardcover • ISBN 978-3-86135-422-2

Viktor A. Reko:
Magische Gifte.
Rausch- und Betäubungsmittel der Neuen Welt
Reprint d. Ausgabe Stuttgart 1938
206 S. • Hardcover • ISBN 978-3-86135-420-8

VWB – Verlag für Wissenschaft und Bildung
Amand Aglaster • Postfach 11 03 68 • 10833 Berlin
Tel. 030 - 251 04 15 • Fac 030 - 251 11 36
www.vwb-verlag.com
info@vwb-verlag.com